0・1・2歳児の子育てと保育に活かす
マザリーズの理論と実践

内山伊知郎 監修
児玉珠美・上野萌子 編著

北大路書房

まえがき

　母親にとって子どもとのコミュニケーションは，子どもの健やかな発達のために大切です．多くの母親は上手にコミュニケーションをとりますが，最近，子どもとのコミュニケーションのとり方がよくわからないという声も聞きます．母親にとって子どもとの関わりは自然と身についているのか，あるいは周囲の子育て経験者から学んだのか，要因はさまざまであると思います．

　ただ，核家族化が進み，周囲から子育てについて学ぶ機会が少なくなっているのは確かです．母親は，学生時代に高度な教育を受ける一方で，子育てについて直接学ぶ講義はほとんどないので，高度な知識を持つ半面，子育ての知識は持ち合わせていない場合も多いと思います．

　子どもとのコミュニケーションに関する要因の中で，乳幼児向け特有の話し方である「マザリーズ」をあげることができます．子どもが関心を持つ話し方であるマザリーズは，学校教育の中で学ぶことがほとんどないので，聞いたことはあっても実際に使うことが難しいと感じる方も多いと思います．

　本書は，保育学，心理学，教育学，音楽などの専門家がマザリーズというコミュニケーション法について，それぞれの学問体系の視点から学際的，そして総合的に解説した理論書，そして実践のための参考書といえます．第1部では，マザリーズの持つ効果と関連する領域について理論的に説明しています．第2部では，保育の教育校や地域のマザリーズ教室で実際に実施している様子，そしてその効果検証を記しています．そして，最後の第10章では，マザリーズのレッスン法について紹介しています．

　マザリーズは乳幼児向けの話し方のことですので，書面だけで読者に伝えるより，わかりやすくする工夫として音声素材を用意いたしました[*]．

　本書が保育に関わる方々にとって，乳幼児とのコミュニケーションに関するわかりやすい紹介書となることを期待しています．子どもを育てる保護者の

まえがき

方々，保育に関わる現場で働かれている方々，また保育系の学校の教員や学生の方々に是非，ご活用いただけたら筆者一同，うれしく思います。

監修者

＊本書で参照するマザリーズの音声データについては，北大路書房のHP（http://www.kitaohji.com/index.html）に掲載されている。

目　次

まえがき　i

第1章　人類とマザリーズ--1

第1節　人類にとってのマザリーズの意味　1
1. 言葉の誕生とマザリーズ　1
2. 類人猿とマザリーズ　2

第2節　マザリーズとは何か　4
1. マザリーズの先行研究と定義　4
2. 親子を繋ぐマザリーズ　7

第3節　今なぜマザリーズなのか──マザリーズの再生に向けて　9
1. 地域におけるマザリーズ　9
2. 声の文化としてのマザリーズ　10

第1部　乳児の発達とマザリーズ

第2章　新生児・乳児の音声の世界---14

第1節　新生児と脳　14
1. はじめに　14
2. 新生児の脳の状態　14
3. 新生児の聴覚と言語野　15
4. 新生児の音声イメージの特徴　16

第2節　新生児の発声器官　17
1. 話す仕組み・聞く仕組み　17
2. 新生児の発声器官　18

第3節　新生児のコミュニケーションの特徴　20
1. 新生児から始まるコミュニケーション　20

2. 新生児の希求性とマザリーズ　24

第4節　乳児の言語獲得への道筋　24

1. 発声の発達段階ごとの特徴　24
2. 意味理解としての単語　27

第3章　マザリーズの心理　28

第1節　マザリーズの効果　28

1. 乳児の注意をひきつける　29
2. 乳児の感情を変化させる　31
3. 社会的相互作用を促進する　33
4. 言語の獲得を促進する　36

第2節　マザリーズと脳活動　36

第3節　マザリーズの獲得　39

コラム1　母子の愛着とマザリーズ　40
コラム2　マザリーズとカウンセリング　41

第4章　マザリーズと音楽の発達　43

第1節　乳児の「歌」と「言葉」の発達　43

第2節　「歌いかけ」とマザリーズ　46

第3節　音楽的な母子間コミュニケーションと母国語の影響　48

第2部　保育者養成とマザリーズ指導

第5章　乳児保育とマザリーズ活用　52

第1節　乳児保育の基本　52

1. 乳児の発達　52
2. 乳児保育とは　54

第2節　乳児保育におけるマザリーズの活用　55

1. 日常の中に取り入れるマザリーズ　55

第3節　遊びの中に取り入れるマザリーズ　59

1. 乳児の生活と遊び　59
2. 遊びの中に取り入れるマザリーズ　59

第4節　成長していく遊び──マザリーズの役割　65
    1．まねる遊び　65
    2．ごっこ遊び　66

第6章　マザリーズ教室におけるプログラム内容　68

第1節　赤ちゃん塾からマザリーズ教室へ　68
    1．赤ちゃん塾　68
    2．赤ちゃん塾プログラム内容　69

第2節　マザリーズレッスンが「絵本読み」の声を変える　71
    1．録音と分析方法　71
    2．考察　75

第7章　保育者養成におけるマザリーズ　77

第1節　最近の学生の傾向　77
    1．乳児と関わる時の不安　77
    2．乳児への関わり方の実際　79

第2節　保育士養成校における取り組みと今後の課題　85
    1．東北女子短期大学の参加学生の感想と教員の気づき　85
    2．名古屋女子大学・愛知文教女子短期大学・中部大学・愛知教育大学の参加学生の感想と教員の気づき　88
    3．愛知のマザリーズ教室の様子　89
    4．養成校のこれからの課題　89
    コラム3　乳児との関わりで大切にしたいこと　乳児との関わりを不安に思う学生へのヒント　92

第8章　マザリーズ実践紹介　93

第1節　マザリーズ教室の実践　93
    1．集団におけるマザリーズ　93
    2．マザリーズ教室実践活動の分類　94

第2節　地域親子対象のマザリーズ教室
    ──北名古屋市子育て支援センター　95
    1．北名古屋市子育て支援センター主催「マザリーズ教室」実施概要　95
    2．参加者の声　100
    コラム4　マザリーズとの出合い　101

目次

第3節　マザリーズ研修　102
　　1．瀬戸市「こんにちは赤ちゃん訪問」マザリーズ研修　102
　　2．マザリーズ研修プログラム　102
　コラム5　はじめてのマザリーズ研修　104
　　3．参加者の声　105
　　4．地域子育て支援サークル：安城市託児グループ「くれよん」　105
第4節　マザリーズ教室における音楽環境　106
　　1．マザリーズ教室の音楽実践例　106
　　2．マザリーズを使った絵本の読み聞かせにおけるピアノ伴奏　108
　　3．トーンチャイムを使う　109

第9章　マザリーズの新たな視点—演技としてのマザリーズ—　110

第1節　身の周りの演技　110
第2節　演技の種類と効果　112
　　1．表層演技と深層演技　112
　　2．演技による心理的効果　115
第3節　保育者の演技とマザリーズ　117
　　1．保育者に演技は必要か　117
　　2．短大生による乳幼児向け番組の話し方体験　118
　コラム6　私の保育士としての一日　123

第3部　マザリーズレッスン

第10章　マザリーズのレッスン　126

はじめに　126
レッスン1　身体の開放　127
レッスン2　お顔ストレッチ　129
レッスン3　呼吸とハミング　130
レッスン4　いろんな　あ！　130
レッスン5　ぽよよんタイム　131
　コラム7　「ぽよよん」と育もう！　親子の絆　133
レッスン6　お話しで語りかける　134
レッスン7　子守唄　137
おわりに　139

目次

引用文献　140
索引　149
あとがき　151

第1章 人類とマザリーズ

第1節 人類にとってのマザリーズの意味

　マザリーズとは，乳幼児に向かって話すときに自然と口をついて出る，声の調子がやや高く，ゆったりとした話し方をいいます。乳幼児に話しかけようとすると，一般的にはこのような話し方になります。

　マザリーズ（motherese）は私たちにとってどのような意味を持つのでしょうか。マザリーズの具体的な効果については，第2章以降で説明しますが，第1章においては，人類という視点でマザリーズをみつめてみたいと思います。今なぜマザリーズをこうして問題として取り上げるのか，その背景には何があるのか。こうした問いかけを読者の皆さんといっしょに考えていきたいと思います。

1. 言葉の誕生とマザリーズ

　マザリーズはいったいいつ頃から存在していたのでしょうか。母親と乳児という関係において自然成立していたものであったとするならば，原始の時代にもあったと考えられます。生命が地球上に誕生した後，母親の乳児へのあやし行為としての言葉がけはいつ頃からみられるようになったのでしょうか。

　私たち人類の根源は，水中のバクテリアから誕生したさまざまな新しい生命であり，その後も数億年の時を生き抜いていくために進化し続けました（Darwin, 1859）。そしてついに，猿人から原人へと進化し，約50万年前に人類にたどりついたのです。ホモ・サピエンス——これが，私たちの祖先です。アフ

リカで誕生したとされているホモ・サピエンスはそれまでの生物が成し得なかったことを次々と遂げていきました。ホモ・サピエンスは，地球上のさまざまな地域に広がっていき，まさに人類の大躍進というべき時代をつくり上げたといえるでしょう（Diamond, 1992）。

　人類の二足歩行は頭部の重量を脊髄で支えることを可能にし，脳へ多量の血液が送られるようになりました。その結果，ホモ・サピエンスの脳は十分な酸素と栄養により見事な成長を遂げたのです。自由になった手はさまざまな道具を生み出し，そして言葉が生まれたのです（Aitchison, 1996）。

　人類がいつどのようにして言語を発するようになったかについては多くの謎に包まれていますが[★1]，アフリカから世界に広がっていったホモ・サピエンスが，ほぼ同じ頃，言葉らしいものを発していったのではないかといわれています（Tomasello, 1996; Cross & Woodruff, 2009）。

　共同作業や求愛，危険な場面の叫び声が言葉らしきものに変化したという説が一般的になっています。最初は「あぶない」「助けて」といった意味を表すいくつかの単語が繰り返されながら単語が成立し，やがて2単語，3単語と繋がっていったと考えられます。その後，文法的なことが成立していったといわれています（Hall, 1966）。ちょうど乳児から幼児にかけての言葉の習得過程のように，私たちの祖先も言葉をつくり出していったのではないでしょうか。その過程においては，母親から乳児に向かって表出される音声もあったはずです。

　ホモ・サピエンスの時代，母親たちは生まれた子どもたちにどのように接していたのでしょうか。柔らかくゆったりと語りかけながら，あるいは歌いかけながら授乳したり，あやしたりしていたのでしょうか。さらにそれ以前の種属の母親たちもわが子をあやすことはあったのでしょうか。

2．類人猿とマザリーズ

　この問いを考える上で，ホミニドについての非常に興味深い記述があります。ホミニドは，現代人と同じ霊長類目人科に分類されるヒト科の生物のことです。450万年～180万年前，アフリカには複数の種属のホミニドが生息していたとされています。その後，私たちの直接の祖先であるホモ・サピエンス以外のホミニドはすべて絶滅しています。このホミニドが集団で居住し，共同生活をし

ていたとみられる遺跡が1970年代に，東アフリカで発見されたのです（Mithen, 2005）。

　この遺跡から，ホミニドは初期の段階から現在の類人猿や人類と同じように，身振り，しぐさ，発声によって感情を伝達し，音声レパートリーも同じように持っていたということが明らかになりました。つまり，ホミニドの集団には社会的相互作用が存在したということです。ホミニドの生活空間にはさまざまな多様な声，例えば敵に対する警戒の声，食物に関する声，作業の援助を求める声，つがいや小集団が社会の絆を維持するための声，そして母子のコミュニケーションの声があったと考えられています。さらに調子を合わせた発声が，共同体の歌のようなものとして存在していたといわれているのです（Bunn & Kroll, 1986）。

　このホミニドの例からもわかるように，ホモ・サピエンス以前の時代から，母親たちはわが子だけに発する音声を持っていたということがいえます。マザリーズの特徴を持つ音声であったかどうかは明らかではありませんが，成人のホミニドに対する音声とは異なる音声を，わが子に使っていたということは確かなようです。わが子をあやす音声であれば，マザリーズの特徴を持っていた可能性が高いと考えられます。

　もちろんそれは言葉ではなく，音声のみで表現されたものだったはずです。明確な母音の発音はホモ・サピエンスの時代から可能になったといわれているので，ホミニドのマザリーズはハミングに近い音声ではなかったかと考えられます。ゆっくりとした抑揚のあるホミニドの母親たちのマザリーズは，ホミニドの子どもたちに歌いかける子守歌のようなものだったのではないでしょうか。

　生後6か月くらいの乳児も，周囲の大人が喜びの感情表現となるメロディーの発話をすると喜びの表現をし，悲しみや否定的なメロディー表現の発話をすると嫌悪の反応を示すと報告がなされています。乳児たちは大人の発する言葉の意味はわからなくとも，音の抑揚といったメロディーのようなものに同調しているのです。またそのメロディーにより何かを感知しているともいえます（Fernald, 1992）。音の高低の声色の知覚はチンパンジーにもみられますが，ホモ・サピエンス以前の原始的なホミニドも，言葉を発する以前にさまざまなイントネーションを音声に込めることで，情動★[2]を表出していたと考えられます。

犬や猫たちも，敵に対する音声，飼い主に対する音声はすべて異なっています。情動を感知する脳機能と音声を表出する器官があれば，音声に情動を込めることは可能であるということがいえるのです。

哺乳類の中には，ダーウィン（Darwin, 1859）が指摘したように，自分たちが出せない音も聞き分けることができるものが多く存在しています。聴覚の仕組みに関して，人間と霊長類目とは多くの共通点があるといわれており，生後1か月から4か月頃の人間の乳児も，「p」「b」の区別，「b」「d」「g」の区別ができることがわかっています。音声の認識や感情的影響の理解については，人間以外の霊長目にも能力があることから，言語が生まれる以前から人類はある種の感情表現としての音声を用いて乳児に接していたといえるでしょう。

いかなる野生動物でも，敵に向かう時の母親の咆哮と，生まれたばかりのわが子に対する時の音声が同じではないことは共通の理解となっています。恐竜の母親も赤ちゃん恐竜に対して，抑揚のある柔らかな音声を表出していたと考えられます。それが「あやし」といえるのかどうかは定かではありませんが，恐竜が歌うようにメロディーをつけてわが子へ声を表出していたと考えることは，あながち間違っていることではないでしょう。恐竜の母親のわが子をあやす声――その声は現在の母親の子守唄に繋がる原始マザリーズともいえるのではないでしょうか。

第2節 マザリーズとは何か

1. マザリーズの先行研究と定義

マザリーズという言葉をはじめて聞く人から，「ああ，ワンワン，マンマンとかね」と返答されることが多いのですが，このような赤ちゃん言葉である幼児語（ベビートーク）とマザリーズには重要な差異があります。マザリーズはどの国地域でも共通してみられる現象ですが，それに対してベビートークはほとんど使用されない（みられない）文化圏があるのです。つまり，ベビートークには地域性，特殊性があるのですが，マザリーズは普遍性を有するものであるといえます（Bryant & Barrett, 2007）。

マザリーズは1966年，アメリカの文化人類学者，チャールズ・ファーガソ

ン（Ferguson, 1966）がはじめて用いた用語であるといわれています。現在の研究領域においては，成人の話し方であるADS（adult-directed speech）に対し，IDS（infant-directed speech）と呼ばれることが多いです。日本では比較行動学者である正高（1993）が「母親語」という邦訳で紹介しました。一般的にマザリーズの対象となるのは，言語を獲得していない新生児から2歳頃までの乳幼児となります。

　ファーガソン（Ferguson, 1966）は6つの異なる言語文化圏における母親の乳児への語りかけの比較検討を行いました。その結果，いずれの言語圏においても母親の語りかけに共通の特質があることを発見しました。共通する特徴は，①普段より声の調子を高くする，②声の抑揚を誇張するという2点であり，成人に話をする時にはみられない特徴だったのです。

　正高（1993）はこの特徴が日本人にもみられるかどうかを研究し，繰り返し乳児に語りかけをしていくと，日本の母親の口調にもマザリーズの特徴がみられることを明らかにしました。しかしながら，日本の母親のマザリーズはアメリカの母親と比較すると，抑揚が弱いこということも明らかになっています（Fernald & Morikawa, 1993）。母国語の特徴がマザリーズにも影響していると考えられます。

　ファーガソン以降，多くのマザリーズ研究がなされてきました。なかでもファーナルドの研究成果は大きな示唆を与えてきたといえるでしょう。ファーナルド（Fernald, 1991）は，男性も女性も子どもも共通して，乳幼児に話しかける時には自然にマザリーズを取り入れることを明らかにしました。さらに，男性よりも女性の声の音程が普段より高くなることも検証しました。また，母親が使用するマザリーズを月齢別に4段階に分けて調べたところ，表1-1のような特徴があることが，ファーナルドやスターンらの研究によって明らかにされました（Fernald, 1991; Stern et al., 1983）。

　特に注目すべきは第3段階です。さまざまな感情を表出した母親のマザリーズサンプルと同様の感情を込めた成人向けの発話サンプルを，言葉としてわからないように加工し，乳幼児に慣れていない大人群に聞かせたところ，感情の認識率はマザリーズのほうがかなり高いという結果が出ています（Fernald, 1989）。つまり，言葉の意味からではなく，マザリーズの持つ音声だけからでも，

表1-1 マザリーズの4段階 (Fernald, 1991; Stern et al., 1983より)

	月齢	マザリーズの特徴
第1段階	新生児	マザリーズは聴覚を刺激し，新生児の注意を喚起し，持続させる役割となる。新生児の安定反応を喚起するためには大き目の音が使われる。音程が上がる時に新生児の眼を見開かせ，音程が下がる時に眼を閉じさせる。
第2段階	2か月～ 3か月くらい	マザリーズは情動に働きかけるようになる。機嫌の悪い乳児をあやす時には，高い音を抑え，曲線状に下がっていく音程を使うことが多い。注意を引いて反応を引き出そうとする時には，上昇する音程が使われることが多い。乳児の注視維持のためには，釣鐘型の音程を使うことが多い。
第3段階	3か月～ 6か月くらい	マザリーズには複雑な音程が含まれてくる。マザリーズは乳児を覚醒させるだけでなく，母親の気分や意図を伝達するようになる。心地よい音を楽しみ，不快な音で不機嫌になるだけだった乳児が，さまざまなメロディーとリズムを通して母親や話者の気分や意図を察するようになる。
第4段階	6か月～ 1歳	乳児が言葉の意味を理解し始めると，マザリーズは少しずつ変化し，イントネーションや休止の特定のパターンが，言語の獲得を促進していく要素となる。

　語り手の感情を読み取ることが可能であるということなのです。まさにメロディーが感情のメッセージとなっているといえるでしょう。このメロディーという音楽的要素が中心となっているマザリーズであるからこそ，言語の違いに関係なく，乳児たちはマザリーズに反応するのかもしれません。母国語以外の外国語のマザリーズに込めた感情表現に，乳児たちが同じ感情反応を示すことが研究でも実証されています（Fernald et al., 1989）。また，乳児が成人に対する話し方よりマザリーズをより好むということは，国内外のいくつかの研究において検証されています（Fernald, 1991；篠原，2009）。

　母親がマザリーズで語りかけたほうが，乳児が母親の声を模倣しやすいこともわかっています（正高，1993）。母親のマザリーズは新生児の注意喚起を高めることも明らかにされています（Fernald & Simon, 1984）。つまり，マザリーズは乳児が母親の声を模倣しやすい環境をつくる要素の一つであるといえるでしょう。乳児が母親の模倣をすることは，人間社会で生きていく上で非常に重要なことです。模倣を通じて，乳児は少しずつ自分が生きていく社会のことを学習していくわけです。それは言葉であったり，しぐさであったりしますが，いずれにしても模倣ということがまず原点となるのです。マザリーズは模倣しやすい音声環境をつくる重要な要素となっているといえるでしょう。

現在ではマザリーズの特徴として，母親の話す速度がゆっくりとなるという特徴が加えられています。またマザリーズと脳の働きの関係では，マザリーズを話すと語り手も聞き手も，脳内の言葉の働きを指令している言語野という領域が活性化することが明らかになっています。さらに母親が鬱状態の時には，マザリーズが表出されないことも検証されています（馬塚・松田，2010）。母親の心身の健康がマザリーズを支えているということがいえるでしょう。

2. 親子を繋ぐマザリーズ

　一般的に高度に発達をとげた哺乳動物の子どもは，母親の胎内で充分に成長した段階で出産されます。例えば子馬や小鹿が生まれた時の特徴は，ほとんど成長を遂げた親の馬や親鹿の特徴と同じです。すぐに自力で歩きはじめ，動作的にも親と同レベルのことが可能な状態です。しかしながら，最も高度に進化した種である人間の新生児は，馬や牛のように誕生してすぐ立ち上がり，自ら乳を求めて歩くことはできません。動物学者のポルトマン（Portman, 1951）はこの事実に注目し，人間と動物の新生児の差異について指摘しました。

　人間の新生児は直立姿勢や言語など，成人に近い段階までの発達に至るまでに生後およそ3年間は必要です。特に生後1年未満の人類の乳児は無力そのものであり，その後長い「子宮外の幼少期」（Portman, 1951）があるということなのです。出産時の母胎の安全のためという生理的な理由はあるにせよ，このことは人間の乳児にとって大きな意味を持つとポルトマンは考えました。

　本来ならば母親の胎内でもう1年間発育すべき期間に生まれ出て，社会環境の中で発育していくことの意味は何なのでしょうか。ポルトマン（Portman, 1951）は，この時期に人間の乳児が，社会環境の中で示される行動のしかたを模倣するということに重要な意味があるとしています。さらに人間の大人の行動が世界に開かれたものであり，人間だけにみられる世界の多様さに乳児が接触することを可能にしていると述べています。

　人類の社会に生きるために必要なさまざまなことを，模倣という行為を通じて乳幼児は獲得していきます。その最初の扉を開く役割を，マザリーズは担っているといえるのではないでしょうか。前述したように，マザリーズで語りかけると模倣が促進されることは研究でも明らかになっています（正高，1993）。

マザリーズは子どもの注意喚起のために，音程が高く，抑揚も非常に強調されているのです。抑揚の形式で答えることを学習していき，やがて抑揚を使い分けるということが可能になっていきます。語彙の習得の前に抑揚によるコミュニケーションが可能となり，原初的コミュニケーション（鯨岡，1997）を強化していきます。充足された原初的コミュニケーションは，やがて愛着の対象者である養育者の発する言葉への関心に繋がっていくのです。

　乳幼児をあやす手段として，頭をなでたり身体をさすったりすることだけではなく，音声としてのマザリーズを自然に口にするという遺伝子が，私たちに組み込まれているということに大きな意味があると考えられます。母親の柔らかな音声が「あなたを守る存在がここにいますよ」とでも呼びかけているようでもあり，安心感に包まれる新生児はやがて，その存在の声を模倣するようになっていくのです。養育者がいつも気にかけていてくれる，反応してくれるという安心感は，自己の存在を認めていく自己肯定感にも繋がっていきます。さらに，この安心感は情動をコントロールしていくことを学ぶ重要な機会となるのです。

　情動は成長しても喪失していくものではなく，感情の基盤となるものであり，認知能力と深く関わっていることも明らかになっています（Damasio,1994; Barrett, 2006）。子どもの今後の人生の重要な基礎となるのが情動であるといえるでしょう。その情動を安定させることができる重要な要素をマザリーズは持っているということなのです。母親だけでなく，周りの大人たちのマザリーズは，乳幼児たちの発達にとって不可欠な環境をつくり上げる要素であるといえるでしょう。

　マザリーズは乳幼児に対してのみでなく，自分より弱い立場にある存在に対しても使われることがあります。ペットに対して使われるPDS（pets direct speech）や，高齢者に対して使用されるパトロナイジング・スピーチ（patronixing speech）といわれる語りかけ方も，マザリーズの特徴を持っているとされています（Williams et al., 2003）。自分より弱く，パーフォーマンスレベルの低い相手に対して，相手に合わせようとする同化作用のようなものが働くのが，マザリーズを発する時の共通点といえるかもしれません。

　手話のマザリーズもあります。耳が聞こえない親子は手話でコミュニケー

ションをとりますが，わが子に対しては大人に対する手話と比較して，ゆっくり大きな動作で繰り返しをすることがわかっています（正高，1993）。子どもたちもマザリーズ手話のほうを好むことが明らかになっています。また，父親の話すマザリーズはファザリーズと呼ばれることもあり，今後マザリーズ現象が確認されるごとに，さまざまなマザリーズが誕生していく可能性があるといえるでしょう。

第3節　今なぜマザリーズなのか —— マザリーズの再生に向けて

1．地域におけるマザリーズ

　地域におけるマザリーズ教室は，これまで地域子育て支援センター，保健所のこんにちは赤ちゃん訪問，ファミリーサポートセンター，育児サークルの方々から依頼がありましたが，「母親の乳児に対する言動に違和感を抱くことが多くなった。母親にもっと柔らかな語りかけをしてもらいたいのだが，どう働きかけをしていけばよいかわからない」という共通する依頼理由がありました。教室の依頼がある度に，保育士養成校におけるマザリーズの学習と同時に，地域における乳児親子対象のマザリーズ教室の緊急性が高いという事実が見えてきました。ある子育て支援センターの保育者の方は繰り返し次のような発言をされています。

> 「柔らかな声がけがいいことは保育者も母親もわかっています。できないお母さんたちを前にして，言葉で説明したりうながしたりしても難しいです。感覚的に自然にできるようになる方法を探していました。学ぶのではなく，赤ちゃんといっしょに感じる，楽しむ，心がほっとする，そういう場を創りたいです」

　眼前の母親の乳児への語りかけに問題を感じ，優しく語りかけましょうと伝えるのですが，優しく柔らかくということを感覚として母親自身が捉えられないということなのです。これは保育士養成校の学生に関しても同じことがいえます。若い世代の母親や養成校学生の言語環境の問題など，複数の要因が考えられますが，実践活動という方法でどう応えていくべきかが大きな課題となっているといえます。

地域子育て支援に関わる保育者の多くは，次世代の人類を育てていくという意識を根底に持っています。無意識の内に有しているといってもいいでしょう。母親の乳児に対する言葉がけの現状に対する保育者の危機感は，母親と乳児との絆という問題のみでなく，乳児が生きている現在の共同体のあり方に対し，疑問を呈しているといえるでしょう。挨拶をしない近所づき合い，乳児を囲む老弱男女の賑やかな集団の減少，相互の関わりを面倒と感じる保護者たちといった現象に，共同体崩壊の危機を感じている人は少なくないはずです。共同体の基盤となる母子関係，その母子関係を支えるマザリーズが成立しにくい状況を間近に察知した保育者からの声は，深く重い意味を持っています。それは人類の命と文化の継承を支える人たちの声であるといっても過言ではないでしょう。

　乳児が誕生するということは人類の歴史を継承していくことであり，老いていく人たちは，自らの死の意味を乳児への語りかけによって知っていくのが本来の命の継承であるといえます。老人のゆったりとした柔らかな語りかけは，最も熟練したマザリーズであり，乳児も母親も癒される言葉がけです。その老人から切り離された乳児は，人類のマザリーズの歴史を継承されないまま育っていくことにもなりかねません。経済的背景や家庭の事情など複雑な要因があると考えられますが，血縁関係のマザリーズ環境構築が不可能であるならば，乳児を取り囲むマザリーズ環境を意識的に創生していくことが今後必要になるのではないでしょうか。

2. 声の文化としてのマザリーズ

　マザリーズは人類にとって，声の文化としても大きな意味を持っています。声の文化（オラリティー）とは，声としての言葉であり，手話等も広義のオラリティーということがいえます。声の文化の重要性について言語学者のオング（Ong, 1982）は著書の中でこう述べています。

　「言語は基本的にはどのような場合でも話し聞く言語であり，音の世界に属して」おり，人間の日常生活は「話し聞く」という声の文化から逃れられないとしています。そして言葉は声という音声を通じて存在し，すべての音は音を出すものの内部構造を経ており，なかでも人間の声は人間の身体の内部から出

ているがゆえに，人間の身体は声の共鳴体をなしているとしています。「すべての音声，とりわけ口頭での発話は生体の内部から発するのであるから，力動的（dynamic）なのである」とも述べています。

また声の文化の記憶形成は身体的な動作を伴っているため，文字の記憶とは全く異なった作用をもたらしていくとしています。話される言葉は「全体的な『人間の』生存状態なる様相」であり，それゆえ常に身体を巻き込んでいく。声の文化においては身体的な要素が常に伴うことで，文字刺激よりも想像力を刺激していく」（Ong, 1982）としています。文字文化以前に，乳幼児が声文化からより多くの刺激を受けることは，想像力にも大きな影響を与えていると考えられます。

口頭という行為には，言語を表出する側，譲受する側の身体的要素が存在しているのです。言葉を発する時に伴う身体としてのさまざまな要素——目線，表情，身振り，声質，声の抑揚等，これらすべてが対話の雰囲気を構築し，声の文化をつくり上げていくのです。母親がマザリーズをより効果的に伝えるために，身体的表現を駆使していく意味もここにあると考えられます。

乳児がこれから生きていく共同体を繋いでいる声をまず聞く。柔らかな声に共感し，その声の共同体を志向していく。共同体で声としての言葉を通じ，他者との相互作用をしていく。マザリーズは，人間の共同体形成にとって重要な要素である声の文化へ誘う役割を果たしているということもいえるのではないでしょうか。

私たちがなぜ乳児にマザリーズで語りかけるのか。この問いかけの答えは，人類の未来という視点に立つ時にはじめて見えてくるのかもしれません。

■注
★1　新しい言語が出現する段階を言語学者は3段階としています。ピジンと呼ばれる音声や語彙，構文においても非常に単純で粗野な段階の言語がまず第一段階として出現し，その次の段階にクレオールと呼ばれる少し複雑化した言語があり，最後に普通のヒトの言語の段階になるとされています。人類の言語誕生の時にもこの段階を経て，言語が誕生していったと考えられています（Aitchison, 1996）。
★2　情動の定義についてはこれまで多くの論争がありましたが，現在における情動とは，

感覚刺激に基づく生理反応，行動反応，情動体験から成る短期的反応のことであり，中長期的にゆるやかに持続する気分や感情とは区別されています。主観的に感じる感情のみでなく，ある経験に伴って起こる生理的変化（身体が熱くなる等）や表出的変化（顔の表情や声の調子が変わる）ということを含んでいるものが情動とされています（遠藤ら，2014；野村，2013）。

つまり，情動は主観的側面，生理的側面，表出的側面といった3つの側面が不可分に絡み合いながら，ある特定の行為へと強く人を駆り立てる一過性の反応であるということがいえます（遠藤ら，2014）。

また，情動は感情の下部となる齧歯類から共通する快・不快・怒り・恐怖・不安という次元のものとされていましたが，霊長類に特徴的な高次の社会的感情や，思考や推論といった高次の認知過程にも影響するということが最近の研究で明らかにされています（Damasio, 1994）。

第1部

乳児の発達とマザリーズ

第2章 新生児・乳児の音声の世界

第1節　新生児と脳

1. はじめに

　新生児や乳児たちは，周りの音や声をどのように聞いているのでしょうか。また言葉を発するまでどのような過程を経ていくのでしょうか。乳児の音声に関する発達段階を知ることは，マザリーズを聞いている乳児の感覚を理解する上でも重要なことです。

　「簡単な一音節の発話をするにも，70以上の筋肉，横隔膜から唇に至る8個から10個の身体部位を時間・空間にわたって統合することが必要とされる」(DuBrul, 1977) といわれるように，乳児の「あー」という一言は，身体や脳を総動員した結果表出されるのです。この章では，その仕組みと乳児の言葉獲得に向けての努力の道筋を学んでいきます。これらの知識はマザリーズの必要性を理解する上で大いに役立つことでしょう。

2. 新生児の脳の状態

　誕生してから28日までの新生児においては，まだ言葉を発する条件は整っていない状態です。脳や神経系統，身体機能すべてが未発達の段階です。けれども，それらすべては言葉を発するまでの準備に向けて，胎児期から動き出しているのです。

　新生児の脳は母親の胎内で神経細胞をつくり上げていきますが，胎齢32週以降で重要な脳溝（脳を形作るミゾのようなもの）がほぼそろうことが明らか

になっています。新生児は母親の胎内で約1000億個の神経細胞（ニューロン）をつくり上げて誕生します。神経細胞は脳内においてさまざまな役割分担をしています。基本になるのが，脳内の電気信号が流れる軸索です。脳内の電線の役割を果たしている軸索が伸びていくことによって，脳内の情報システムが構築されていくのです。軸索を流れる電気信号をキャッチするのが，樹状突起（シナプス）と呼ばれているものです。この軸索とシナプスにより脳内の神経細胞が繋がっていき，脳の機能が働いていくのです。軸索とシナプスを成長させていくことが脳を発達させることであるといってもいいでしょう。私たちの知覚，認知，運動に関わるすべての機能は，軸索によって繋がれたニューロンという細胞がつくる大規模なネットワークによる情報処理によるものといえるのです（乾，2013）。

新生児の段階では，脳幹と呼ばれる脳の最も中心となる部分は機能していますが，その他の領域はまだほとんど繋がっていない状態です。新生児の脳は軸索が伸びていくことによって各領域が繋がり，やがて軸索の繋がりの総体が意識と呼ばれるものとなっていきます。新生児から1歳半までの間に基本的な軸索が繋がり，脳内に総体としての意識が生まれるのです。

3. 新生児の聴覚と言語野

新生児はどのように声や音を判別できるようになるのでしょうか。脳内に音の情報処理をする軸索の繋がりができていない段階の新生児は，音を聴覚でキャッチし，脳内の聴覚連合野にインプットすることはできても，その音が何の音であるか判別することはまだできません。さまざまな音を刺激として受け取り，聴覚連合野から軸索を他領域へ伸ばしながら判別する機能を立ち上げていくのです。言葉の情報は大脳にある言語野という領域で処理されることはわかっていますが，聴覚連合野に入った情報がどのように言語野で処理されていくのかはまだ明らかにされていません（Creutzfldt et al., 1989; Haglund et al., 1992）。

また，言語野はいつ頃形成されるかについても明確な結論は出ていないのですが，新生児の脳の左脳には，すでにウェルニッケ野が発達しているという報告もなされており，胎児期から大脳に言語野がつくり始められているのではな

いかという説もあります（Aitchison, 1996）。

　胎児は子宮内で，心拍数や呼吸などのさまざまな音をノイズとして聞いていますが，27 週から 28 週に音を聞かせると，身体を動かす運動反応がみられます。子宮内で聞こえている音声を録音したものを成人が聞くと，個々の音素や単語などは聞き取りにくいのですが，イントネーションははっきりわかることが明らかにされています。胎児期から，マザリーズのように抑揚が大きな言葉のフレーズは識別ができるようになっていると考えられます（乾，2013）。

　生後まもない乳児は，さまざまな言語で用いられている母音を聞き分けることができ，6 か月頃には特定の母音について，母国語に特化した識別能力を身につけるようになります。そして生後 12 か月になると母国語に特化した識別だけが可能になるという実験結果も出ています（Werker & Tees, 1984）。さらに乳幼児に対するマザリーズの母音は，大人に対する母音よりも広い周波数になるように誇張されていて，子どもの音韻の識別能力の発達に役に立つことが明らかにされています（Kuhl et al., 1997）。

4. 新生児の音声イメージの特徴

　人が音を聞いた時，大脳の聴覚連合といわれる領域で処理された聴覚情報から，その音が何であるのかを識別し，その識別に基づいてさまざまな反応を選択していくことになります。例えば運動野に指令を出し，何らかの身体的な反応を示す場合もあります。耳の聴覚神経から大脳の聴覚連合に電気信号が流れ，インプットされた音が何の音なのかが識別されることは明らかになっていますが，言語野にどのように情報が伝達され処理されているのかは，解明されていない点が多く残されています（酒井，2002）。それでは，聴覚情報を認知する機能が未発達の新生児には，音声はどのように聞こえているのでしょうか。

　胎児や新生児の聴覚および言語野神経回路に関しては，まだ詳細に解明されていないことが多く残されています。しかし，誕生直後から 3 か月くらいまでは，一時的結合と呼ばれる反応があることがわかっています。一時的結合とは一時的投射とも呼ばれ，聴覚神経がさまざまな領域に繋がっていることから起こる現象のことです。例えば，音を聞くとある色が見えたり，本来関係のないはずの感覚が付随して感じられるといった現象です。大人にも同じような現

象が起こる共感感覚者と呼ばれる人たちがいます。これらの人たちは，脳内にある感覚刺激が与えられると，異なる感覚が付随して感じられるのです。生後間もない新生児期においては，誰もがこの一時的結合の状態であると考えられています（Baron-Cohen et al., 1987; 乾，2013）。

新生児は母親の声や周りの音を空気振動として外耳で捉え，中耳，内耳から電気信号に切り替えて神経へ伝達し，情報が脳内の聴覚領に到達します。一時的結合がみられる新生児期においては，到達した情報が聴覚以外の領域の神経を刺激し，色や臭いなども感じていると考えられます。新生児の体験している世界は総括的（global）な体験世界であり（Bower, 1974; Meltzoff, 1981），錯綜するイメージの世界であるといえるでしょう。母親のマザリーズを聞いた時も，乳児は不思議なイメージの世界を見ているのかもしれません。この一時的結合は，3か月を経過するとやがて消失していく機能であるといわれています。

音声を捉える聴覚神経系統や，発声器官すべての全体的制御システムとして機能していくために，新生児の脳は日々成長をしているのです。母親の語りかけるマザリーズを懸命に聴覚で捉え，信号を脳に送り続け，記憶や身体運動の神経を刺激しながら，少しずつ反応できるようになっていきます。さらに乳児が声による反応をするためには，発声器官の準備が必要となります。

第2節 新生児の発声器官

1. 話す仕組み・聞く仕組み

人はどのような仕組みで発声をしているのでしょうか。人の発声の仕組みを簡単に説明しておきましょう。まず，声を出すという意思が運動神経を通して横隔膜を押し上げる指令を出します。押し上げられた横隔膜により肺の中の二酸化炭素が気道を通って，喉頭部の声帯を振動させます。声帯の振動は共鳴箱の働きをする喉頭内で増幅され，唇により構音化され，声となります。これが基本的な発声の仕組みです。マザリーズの特徴である高い声や抑揚のついた声を発する時も，このような仕組みで発声されています。

では，声を聞く仕組みはどうでしょう。乳児はまず，母親の発声したマザリー

第1部　乳児の発達とマザリーズ

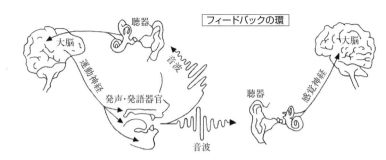

図2-1　音声の伝達システム：言葉の環（Denes & Pinson, 1993 より改変）

ズの空気振動を外耳で捉えます。その振動は中耳，内耳と伝わり，やがて脳内に電気信号として送られ，その情報を何らかの「音」として脳が認識して「聞こえている」という状態になります。乳児に声を聞かせるということは，正確にいえば空気を振動させ，乳児の外耳に振動を伝えるということになります。「音」というのは存在するものではなく，喉頭部から口唇部に伝わる空気振動が他者の耳でキャッチされ，脳で認識しているものなのです。これは乳児も私たちも同じ仕組みなのです（図2-1）。

　母親の声もさまざまな音も，新生児の脳が認識していくことによって存在するということは，音の世界のすべての始まりが新生児の脳にあるといっても過言ではないでしょう。母親と乳児の音声の相互作用は，こうした音声の連鎖によって繰り返されているのです。

2. 新生児の発声器官

　次に，脳からの指令を受けて機能していく新生児の発声器官の特徴をみていきます。新生児は発声器官も未発達な状態です。発声器官の機能を支える頭部構造も，成人の頭部構造とは異なっています。新生児の頭部はまだ非常に柔らかく，頭蓋骨も固定していません。誕生後，徐々に頭部が固定していきます。そして第1章で説明したように，人類の二足歩行がもたらした頭部構造の変化は，発声器官の変化にも大きな影響を与えることになりました。

　新生児の頭部はやや横長の構図であり，成人の頭部は縦長の構図となってい

ます。成人の頭部を支える喉部は、太く安定した形態となっています。その中にある声帯器官も余裕のなる空間に位置することとなり、声帯の多様な機能が保障されるようになっています。頭部構図の差異は、咽頭部構造の違いをつくり出すことになります。発声の重要な器官となる咽頭部について、成人と新生児を比較してみましょう（図2-2）。

　新生児の下顎の筋肉は下部のほうまで垂れ下がっており、空気を口から外へ送り出すのが困難な状態です。さらに新生児の舌は成人に比較すると、口腔内に占める割合が非常に大きく、口腔内の空間の余裕がほとんどないことがわかります。したがって、新生児の口腔内では空気の流れをつくることが難しいということがいえます。

　成人の咽頭部は他の霊長目と比較すると、より流線型をしており、低い位置にあります。その要因として二足歩行が主な要因であるとされています。他説も論じられてはいますが、いずれにせよ、咽頭が下降したことによって、人類が言葉を使用する可能性が拓けたということは確かであるといえるでしょう。そして、その可能性の道は、「母音」の発音から始まったのです。

　母音の発音は肺から送られる空気を、舌の動きによって変形させることでつくられます。厚い舌を自在に制御すること、母音を鼻からではなく口から出すこと、この二つのことがチンパンジーにはできないのですが、人類には可能な

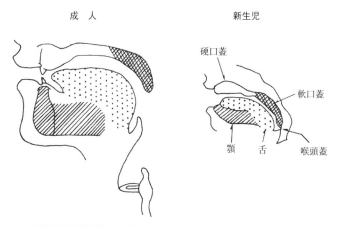

図2-2　成人と新生児の喉頭部の比較（Borden & Harris, 1984 より改変）

のです。二足歩行から始まった人類の咽頭部の変化は、私たちに［a］［i］［u］という母音の発音をもたらしたのです（Lieberman, 1991）。

　新生児も人類と同じような成長を遂げていきます。頭部構造が大きく変化するのが3か月頃からといわれています。まず口腔内のスペースが拡張し、舌と空間とのバランスがとれるようになります。次に舌の運動が可能となり、口を使って共鳴音を出すことが可能になります。そして多様な発声運動を可能にするためのさまざまな器官の発達と変化が3か月頃までに急速に進められていきます。

　同時に脳も発達していき、脳内における運動神経の軸索が繋がり、発声したい時に横隔膜を押し上げ、声帯を振動させることが可能になります。舌や唇の動きを指令できるようになると、多様な発声もできるようになっていきます。泣くことから出発した新生児の発声は、喉を使ったクーイングや喃語へと進展し、やがて言葉の発音へと向かっていくのです。この時期にマザリーズでゆっくりと語りかけ、発声の表情を乳児に見せていくことは、乳児が発声の模倣をするためにも非常に重要なことだといえます。

　さらに新生児は言葉を獲得する前に、特徴的なコミュニケーションをとる努力をしています。誕生した直後からのコミュニケーションは、その後の言葉獲得のためにも新生児にとって不可欠なものです。この新生児の時期におけるコミュニケーションにおいても、マザリーズは重要な役割を果たしています。

第3節　新生児のコミュニケーションの特徴

1. 新生児から始まるコミュニケーション

　新生児は脳や発声機能が未発達であり、声による反応にも限界がある状態であることは前述したとおりです。すべての新生児たちは、およそ1年余りの期間を言葉を発する準備段階として過ごしています。この準備期間中、新生児および乳児は、生まれてきた世界でどのようなことを準備しながら過ごしているのでしょうか。

　言葉は音声を用いた人と人とのやりとりです。言葉を発する以前の人との交わりによる感情や認知の発達が、言葉の誕生の大前提となるということは私た

ちの共通の理解となっています。生後1年余りの期間は,言葉を発する土壌が形成される時期であり,「言葉の胎生期」(岡本,1982) とも呼ばれています。この言葉の誕生に向けて,見えない胎内で育っていくものはいったい何なのでしょうか。また,どのような現象として私たちに見えているのでしょうか。新生児は新生児なりのコミュニケーションをとろうとしていることが研究では明らかになっています。

新生児のコミュニケーションについてはさまざまな研究がなされていますが,ここでは対話の原型という視点で捉えている岡本 (1982) の理論を紹介します。岡本は新生児および乳児のコミュニケーションとして,相互同期生,共鳴動作,激発・停止サイクル交換の3つをあげています。

(1) 相互同期性

コンドンとサンダー (Condon & Sander, 1974a, b) の実験によれば,新生児には相互同期性と呼ばれる特徴的な反応がみられることがわかりました。英語と中国語のスピーチ,母音の連続音,規則的な打叩音を録音し,生後12時間経過したアメリカ人の新生児に聞かせます。生の声でも語りかけます。新生児の身体の動きを分析したところ,言葉による語りかけに対しては,英語であれ中国語であれ,生声であれ,録音の声であれ,スピーチの持つ音節リズムによく同調したリズムで身体を動かしたのです。人の声でも母音だけの連続や,カチカチといった物理的な打叩音に対しては,リズミカルな同期動作はみられなかったのです。

これは大人同士にもみられる現象であるといわれています。会話している大人ふたりの様子がダンスをしているようにみえる場合がそうです。このように,二人の身体的な動きがぴったりと合っている特徴を相互同期性と呼びます。相互に合わせたいという要求があるからこそ成立する現象であるといえるでしょう。

人のスピーチは新生児の同期行動を引き起こす有効な刺激であるということであり,抑揚やフレーズとしてのリズムを持つ声であるマザリーズに特に同期しやすいということもいえるでしょう。

(2) 共鳴動作

　新生児が満腹で非常に満足している時に抱き上げ，目を合わせながら，養育者がゆっくりと口を開け閉めしてみせます。新生児はまず養育者の口の動きを注視していますが，やがて口もとの筋肉を引き締めたり，口をとがらすようにします。さらに動きを続けていると，同じようなリズムで新生児も口を動かしていきます。養育者が新生児の口の動きを引き出そうとすることに対し，あたかも新生児が応えようとしている様子にみえるのです。生理的な欲求が満たされている時も，この現象はみられます。相互に相手に同調し，一体となって通じ合うコミュニケーションの原型のようでもあり，新生児模倣とも呼ばれています（Meltzoff & Moore, 1989）。

　新生児模倣に関しては，脳内のミラーニューロンという領域が発見され，模倣が脳内の反応として起こるということが明らかになったことにより，その仕組みがわかってきました。

　リツォラッティら（Rizzolatti et al., 1996）は，サルが餌を積み上げる動作をした場合，それを見ている別のサルのあるニューロン群が特異的に活性化するという現象を発見しました。その領域は人でいうとブローカ野にあたる領域であり，その周辺のニューロンも含めてシステムとして反応していることがわかったのです（Iacoboni et al., 1999）。

　ブローカ野というのは前述したように，さまざまな表出機能の管制塔の役割を果たしている部分です。したがってミラーニューロンは基本的には他者の模倣をさせる運動ニューロンということがいえます。さらにミラーニューロンは，他者の表情を見るだけで，他者が感じているものを感じる部分も活動する情動的共感を生むということも明らかになっています（正高・辻，2011）。

　ミラーニューロンはさまざまな部位から生理的信号を得て，身体の状態や情動に関する情報を統合する島皮質というところと相互連絡を取り合っています。また島皮質は自分の感情を意識的にモニターする働きもしています。痛みや快楽といった情動経験に深い関わりを持ち，他者の動作を見るだけで他者と類似した状態がつくられ，他者への模倣（ミラーリング）をすることにより，情動的共感が生まれるとされています（乾，2013）。表情の模倣のみならず，生後1年くらいの間には，声のミラーリングによる養育者との感情相互作用がみら

れることが明らかにされています。マザリーズには模倣しやすい特徴があるので，この時期におけるマザリーズの語りかけは，乳児にとって音声模倣がし

やすい環境となります。さらに3か月頃には，乳児は養育者の声や表情から感じられる情動を感知し，情動調整，情動調律をしていくようになります（Stern, 1985）。

（3）激発・停止サイクル交換：対話の原型

　新生児が生理的に満足した後，布団の上で寝ている時に，突然激しく身体の部位を数回動かし，停止し，また激しく動かすという原始反応がみられます。動かしている時に養育者が見守り，停止した時に養育者が何らかの働きかけをします。何度か繰り返すうちに，新生児は激しい動きを停止した時に，養育者から何らかの働きかけがあることを期待するようになってきます。3か月くらいになると停止した時に，養育者のほうに視線が行き，あたかも自分の行動が養育者にどう受け止められたかを観察しているような動きをするようになります。そして，養育者からの働きかけが一段落すると，再び激しく手足を動かすのです。この相互のやりとりが何回となく繰り返されていきます（岡本，1982）。これが激発・停止サイクルの交換と呼ばれる新生児から乳児にかけてみられるコミュニケーションです。

　この新生児と養育者の相互のサイクルは，相手に働きかける立場と働きかけを待つ立場を交替しながら二人の関係を深めていくという「対話」行動の原型

ともいえます。停止した時の音声に変化をつけていくと，新生児や乳児の対応にも変化が表れてきます。この場合も，マザリーズは乳児の反応を大きくし，相互作用を深めていく役割を担っています。

2. 新生児の希求性とマザリーズ

ここまで新生児のコミュニケーションの特徴について述べてきましたが，相互同期性，共鳴動作，激発・停止サイクル交換の3つのコミュニケーションを通じて，新生児は養育者と繋がりたいという人への希求性，繋合希求性（鯨岡，1997）を確かに持っているということがわかります。養育者は新生児とともに生きる感覚に喜びを感じ，働きかけていきます。それに新生児も応えていきます。時として延々と繰り返されるこの現象から，私たちは生まれながらにして，他者との共感を希求する生物だということがいえるのではないでしょうか。

情動という部位によって，他者の情動に共感する能力がすでに新生児の脳に備わっているということは，乳児に対する養育者の情動表出となる表情や視線，身体的な雰囲気が非常に重要であるということです。第1章でも述べたように，情動は乳幼児期を過ぎると喪失するものではなく，高次の感情に移行し，知性にも関係していくといわれています（Salovey & Mayer, 1990）。新生児，乳幼児期の情動が安定していくことが，その後の成長にとっても非常に重要な要素といえます。

そして新生児のコミュニケーションの基盤となっているのが，他者との繋がりを持ちたい，他者とともに共感したいという他者への希求性といえるのです。マザリーズは新生児の希求性に応え，情動を安定させていく大きな要素となります。その希求性はさらにその後の言葉の模倣，言葉の獲得へ繋がっていきます。

第4節　乳児の言語獲得への道筋

1. 発声の発達段階ごとの特徴

新生児から1歳半くらいまでの期間における言葉獲得への道筋を大きく捉えてみましょう。一般的に新生児から幼児までの言葉獲得までの段階は，次のように理解されています（岩立・小椋，2005）。

1. 泣く・生理的な音声　　0か月〜
2. クーイング　　　　　　2か月〜4か月
3. 笑う　　　　　　　　　3か月〜
4. 音遊び　　　　　　　　4か月〜6か月
5. 喃語　　　　　　　　　6か月〜
6. ジャーゴン　　　　　　10か月〜18か月
7. 単語　　　　　　　　　18か月〜

　それぞれの段階が乳幼児にとって大きな意味を持っています。これらの段階を経てはじめて言葉によるコミュニケーションが可能となるのです。各段階が乳幼児の言葉という扉を開けるためにどのような準備をしているのか，また，マザリーズはどのような役割を持っているのか。乳児期の「泣く・笑う」発声を中心に具体的にみてみましょう。

(1) 泣く・生理的な音声
　乳児の仕事は泣くことだといわれるほど，誕生した瞬間から泣いていることがほとんどです。この泣くという動作を通じて乳児は何を発達させるのでしょうか。まず泣く時に使用する身体部位は，横隔膜と肺が中心となります。横隔膜の上下運動が肺を押し上げて，声帯を振動させます。当然のことながら，強く泣く時にはより強い腹筋力が必要とされます。乳児が強い欲求をする時に小さな身体から予想できないような大声量を出すことは，養育者にとっては疲弊することかもしれませんが，発達の上では必要不可欠なことでもあるのです。
　さらに，声帯の多様な使用方法や咽頭部の空間の使い方など，発声に関わる機能を総動員しながら泣くことで機能が発達していくのです。また生理的なゲップやシャックリのような音声も，咽頭部や声帯，腹筋を強く使い，泣くことと同様にさまざまな機能訓練の機会となっていくのです。

(2) クーイング
　「アーアー」「アゥー」など，舌を使わない母音の発声です。生後2か月頃から始まり，機嫌のよい時に発声されます。口腔や喉の形が発達し，泣くこと以

外の発声が可能になったといえます。クーイングを模倣しマザリーズで返していくと、乳児もマザリーズに耳を傾け、対話のような形が成立していきます。

(3) 笑う

笑い声を出すには複雑な技術が必要となります。実際に笑ってみると、笑う声の大きさ、長さ、呼吸の入れ方、抑揚など、多くの要素が組み合わさって笑い声を出していることに気づきます。

乳児の笑い声は、平均3か月頃にはじめて表出されます。それまでは笑顔はあっても笑い声は出ていないのです。発声器官の発達により口腔内の空間ができると、舌の自由な動きが可能となります。さらに声帯の振動がより大きく共鳴する空間の確保が、大きな笑い声をつくるためには必要となります。笑い声にも下記の段階があります。

1. 短い笑い　　　　　　　　息を全部出しきってしまう
2. 長い笑い　　　　　　　　息を長く出し続ける
3. 息を切り、テンポよい笑い　息を切る運動、横隔膜の運動

テンポよく抑揚のある笑い声は、9か月頃にはできるようになります。誕生した瞬間から新生児は養育者の笑い声に敏感に反応します。抑揚のある笑い声をマザリーズのメロディーのように新生児は感じているはずです。そして、母親や大人のさまざまな笑い声を、新生児は模倣していくことになるのです。

(4) 音遊び

機嫌がよい時に一人でいろいろな高さや長さの声を出し、自分で聞くことを繰り返しながら遊びます。表出できる構音器官を自分でテストしている段階といえます。この時期に、マザリーズで多様な声を聞かせたり、乳児が出した声と対話していくことで、乳児の声の多様な表現が蓄積されていきます。

(5) 喃語

喃語は、ブー・バーなど子音と母音が繋がった音による発声遊びです。口を

リズミックに開閉させるので，実際の会話に似た音声になりますが，乳児には言葉としての意味理解はまだありません。時期的には離乳食開始時期と重なり，唇の合わせ感覚を楽しむ発声遊びと捉えられます。11か月頃になると喃語を組み合わせた片言語を発するようになります

(6) ジャーゴン

　文のようなメロディーを伴った音であり，発語直前時期の乳児にみられます。乳児同士には，意味不明の音声による会話が成立しているように見受けられることもあります。言葉以外の身体的な要素や，発声音に込められたある感情を相互に感じとっていると考えられます（乾, 2013; 正高, 1993；岩立・小椋, 2005）。

2. 意味理解としての単語

　新生児の頃から少しずつ脳内の記憶システムが機能していきますので，言葉を発することはまだできなくとも，乳児は記憶作業をしています。発語は記憶している言葉から始まりますので，マザリーズで繰り返し語りかけることは発語にとって非常に重要です。

　日本人の母親が使う乳児に対する言葉を調査したところ，単語の途中に「ん」「っ」「ー」を含む，三拍または四拍の単語が多いことがわかり，乳児もこれらの特徴を持つフレーズをより好むということが明らかにされています（林, 2003）。これらの音韻を意識的にマザリーズに使用することは，乳児の単語に対する興味関心をより高め，記憶や言語習得に効果があると考えられます。

　1歳3か月頃までは，言葉の音声を発してから，その言葉の意味理解をするまでに時間差がありますが，その後言葉を聞くと同時に意味理解をしていくようになっていきます。新生児の段階からマザリーズでゆっくり繰り返し言葉を聞くことによって，乳児の脳内に少しずつ音として言葉が記憶され，意味理解に結びついていくのです。言葉の獲得にとっても，マザリーズは重要な役割を果たしているといえるでしょう。

第3章 マザリーズの心理

第1節 マザリーズの効果

　乳幼児への語りかけは母子間のコミュニケーションの基本であり，まだ自分で言葉を話すことができない乳児でさえも，母親の声によく反応します。特に乳幼児は母親の声に対して注意を向け，笑顔になるなどポジティブな感情を表すといわれています（Fernald, 1992; Kitamura & Burnham, 1998; Werker & McLeod, 1989）。しかし，母親の声であればどのようなものでもよいというわけではなく，乳児の反応を引き出すために効果的な話し方があります。それが"マザリーズ"と呼ばれる乳幼児向けの話し方です。第1章でも述べられていたようにマザリーズは，大人に話しかける話し方とは異なり，全体的に声が高くなる，大きな抑揚がつく，ゆっくり話すといった特徴がみられます。ファーナルド（Fernald, 1985）は，実際に乳児と大人に話しかける女性の声の周波数を分析しました。高い声と低い声は周波数（Hz）の違いで決まり，周波数が高いほど高い声であることを意味します。その結果，大人向けの話し方では250Hz付近の基本周波数がなだらかに続くのに対して，マザリーズでは400Hz付近の基本周波数を中心に，200Hzから700Hzまで大きく変化することが明らかになりました（図3-1）。つまり，マザリーズでは全体的に声が高くなるとともに，抑揚をつけて話しているということです。また，マザリーズでは短くて単純なフレーズを使い，そのフレーズを何度も繰り返すといった特徴もよくみられます。

　ファーナルドら（Fernald et al., 1989）が12か月の乳児と母親が遊んでいる

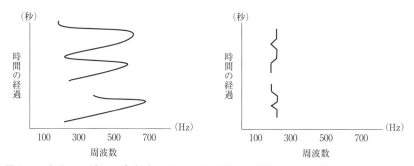

図 3-1　女声のマザリーズ（左）と大人向けの話し方（右）での周波数（Fernald, 1985 より一部改変）

場面を観察したところ，フランス語，イタリア語，ドイツ語，日本語，英語のすべての言語において，母親の話し方にマザリーズの特徴がみられることがわかりました。また，新生児から2歳頃までの幅広い年齢の乳幼児に対して，母親がマザリーズを用いることが報告されています（例えば，Fernald & Simon, 1984; Stern et al., 1983）。このようにマザリーズは多様な文化を超え，乳幼児を子育てする上で，母親などの養育者において普遍的にみられる話し方であるといえます。これまで発達心理学の視点からマザリーズの効果についての研究が行われており，マザリーズが乳幼児の発達のいくつかの側面において重要な役割を果たすことが明らかになっています。以下では，そのマザリーズの効果について紹介します。

1. 乳児の注意をひきつける

マザリーズの誇張するような話し方には，乳児の注意をひきつけ，維持する効果があるといわれています。例えば，ファーナルド（Fernald, 1985）は，選好聴取法（head-turning procedure）を用いて，4か月の乳児がマザリーズに注意を向けるかどうかを検討しました。選好聴取法とは，左右のスピーカーから音声を呈示し，その音声に対する反応を調べる方法です。この方法により，マザリーズと大人向けの話し方の録音音声を呈示し，どちらの音声により注意を向けるかを測定することができます。その結果，4か月の乳児は，大人向けの話し方よりもマザリーズに注意を向けることが明らかになりました（図3-2）。特に乳児はマザリーズの特徴の中でも基本周波数，すなわち声の高さに

第1部　乳児の発達とマザリーズ

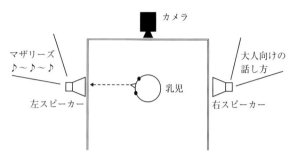

図 3-2　選好聴取法実験においてマザリーズに注意を向ける乳児の例（Fernald, 1985 より一部改変）

反応することがわかっています。乳幼児に合わせて出す高い声からは感情が読み取りやすいため，乳幼児はそこから強い愛情を感じ取り，より注意を向けているのではないかと考えられています。その後，7か月以降の乳幼児，さらには生まれて間もない新生児においてもマザリーズにより注意を向けることが報告されており，幅広い年齢でマザリーズは注意をひきつける効果があることがうかがえます（例えば，Masataka, 1999; Werker& McLeod, 1989）。

　また第1章に紹介されていたように，月齢の低い乳児と高い乳児では好むマザリーズが異なり，月齢に適したマザリーズの特徴があることがわかってきています。2歳までの乳幼児では認知機能や言語能力が発達します。例えば，生後1歳ほどの月齢の高い乳児はいくつかの言葉を理解し，話し始めるようになります。生後半年ほどの月齢の低い乳児に比べると，言語能力が著しく発達するのです。そのため，月齢の低い乳児はマザリーズの感情的要素に基づき反応しますが，月齢の高い乳児は言語的特徴に基づき反応するようになる可能性が指摘されています（例えば，Hayashi et al., 2001）。つまり，言葉をあまり理解していない月齢の低い乳児は抑揚があり，声のトーンが高い感情豊かな話し方や，ゆっくりと同じ言葉を繰り返すような単純な文章構造により注意を向けますが，言葉を理解し始める月齢の高い乳児は語彙数が多く，より長く複雑な文章構造に注意を向けるようになると考えられます。

　このように乳幼児に何かを伝えたい時，注意をひきつけるマザリーズで話すことが有効であるといえます。その際，乳幼児の認知能力や言語能力の発達を考慮し，月齢に適したマザリーズを使用することが乳幼児の注意をひきつけ，

意図や感情を伝える効果を促進するのではないでしょうか。

2. 乳児の感情を変化させる

マザリーズによって語りかけることは，乳児にポジティブな感情を生じさせる効果があるといわれています。ワーカーとマクラウド（Werker & McLeod, 1989）は，4か月から9か月頃の乳児に対してマザリーズと大人向けの話し方で話す人物の映像をテレビ画面上に呈示し，それらに対してどのような反応を示すかを観察しました。その結果，乳児はマザリーズで話す人物の映像を見ている時，笑顔になるなどよりポジティブな感情を示すことが明らかになりました。マザリーズで話すことは，まだ言葉を理解できない乳幼児であっても喜ばすことができ，心を通わせるために効果的であるといえます。

また，マザリーズはぐずった乳児をなだめるためにも有効です。これは，ビジュアルクリフ（視覚的断崖装置）を用いた研究によって明らかになっています。ビジュアルクリフとは，透明なガラス板の下が半分は深く見え，半分は浅く見える装置です（図3-3）。この装置を用いた研究により，9か月頃のハイハイを開始した乳児は深さを知覚し，深い側を回避することがわかっており，乳児にとって深さは恐れや不安を生じさせる状況であるといえます（例えば，Campos et al., 1992; Ueno et al., 2012）。

ストリアーノら（Striano et al., 2006）は，このビジュアルクリフを用いて，

図3-3　ビジュアルクリフ（視覚的断崖装置）

第1部　乳児の発達とマザリーズ

　10か月の乳児を恐れや不安が生じる状況に置き，10分間の行動を観察しました。その際，深みの向こう側にいる乳児の母親の行動を，4つの条件にランダムに振り分けました。4つの条件は以下の通りです。

1. マザリーズ＋笑顔条件：母親は崖の方を見ながら，崖を渡るように乳児に笑顔を見せるとともにマザリーズで語りかけました。
2. マザリーズ条件：母親は乳児が映っているテレビ画面を見ながら，乳児にマザリーズで語りかけました。その際，乳児に表情は見えないようにしました。
3. 大人向けの話し方条件：母親は近くにいる実験者を見ながら，大人向けの話し方で語りかけました。
4. 語りかけ無し条件：母親はテレビ画面を見ながら，何も話しませんでした。

　そして，これらの母親の行動の違いによって，乳児の深さに対する反応が異なるかどうかを検討しました。
　その結果，母親がマザリーズで話した条件は，大人向けの話し方をした条件や何も話さなかった条件よりも，ぐずった乳児の割合が少ない傾向があることがわかりました（図3-4）。すなわち，笑顔といった表情には関係なく，話し方の違いによって乳児の反応が異なることが明らかになりました。これはマザリーズで話すことにより，恐れや不安が生じる状況であっても乳児に安心感を与えることができるということです。
　乳児は言葉の意味を十分に理解しておらず，コミュニケーションが限定的です。大人向けの話し方は安心感を与えるような情報を提供することができず，乳児にとっては雑音のようにしか聞こえません（正高,1993）。しかし，マザリーズであれば，声の高さや抑揚により話し手の感情が伝わりやすいため，乳児に安心感を与えることができると考えられます。乳幼児は母親などの養育者を安全や安心感を得られる活動の拠点（安全基地）とすることにより，探索行動の範囲を広げ，新たな発見をすることができます。大きな安心感を与える安全基地としての役割を担うために普段からマザリーズを使用し，信頼関係を築いて

第3章　マザリーズの心理

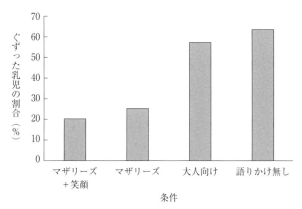

図3-4　各条件におけるぐずった乳児の割合（Striano et al., 2006 より改変）

いくことが重要であると考えられます。

3. 社会的相互作用を促進する

　マザリーズは話している時に注意をひきつけ，ポジティブな感情を生じさせるだけではなく，その後の人間関係にも影響します。乳幼児に会ってすぐに，よくニコニコと笑いかけられる人がいる一方で，泣かれてしまう人がいると思います。乳幼児は他者に出会った時，最適な養育や学習の機会を与えてくれる人かを判断し，仲よくしたい相手（社会的パートナー）かどうかをすぐに決定しています。その際，乳幼児は相手の外見やしぐさなどさまざまな身体的・行動的特徴をもとにそれを決定しますが，これらの情報だけでは学習と安全を提供してくれる最適なパートナーを選択するためには不十分であると考えられています（Schachner & Hannon, 2011）。そこで社会的パートナーを選択するための手がかりになるのが，マザリーズなのです。

　シャハナーとハノン（Schachner & Hannon, 2011）は，5か月の乳児を対象に，マザリーズを話す女性が話し終わった後でも，その女性に注意を向けるかどうかを実験しました。手続きとしては，乳児にマザリーズ条件と大人向けの話し方条件の両方を実施しました。

　マザリーズ条件の場合，まずマザリーズで話す女性を60秒間呈示しました。

その後，60秒間マザリーズを話した女性と別な女性を左右に並べて20秒間呈示し，さらに女性を左右入れ替えて20秒間呈示しました。その40秒間は，何も音声は呈示しませんでした。大人向けの話し方条件の場合は，マザリーズを大人向けの話し方に変えて同様の手続きで映像を呈示しました（図3-5）。そして，女性を左右に並べて呈示した合計40秒間での乳児の注視時間を測定し，最初の60秒間で話した女性を注視した時間の割合を算出しました。乳児に好みがない場合，2人の女性を見る割合は50％ずつになるはずです。

その結果，図3-6に示したように，5か月の乳児はマザリーズを話した女性に対して注意を向ける割合が多く，女性が話し終わった後でさえも好んで見ることがわかりました。マザリーズは話し手の意図や感情が伝わりやすい話し方であるため，乳児はマザリーズを話す人を最適な養育と学習の機会を与えてくれる人物と判断し，ポジティブな感情を抱き，好んでそちらを見たと考えられます。このようにマザリーズは社会的パートナーを選択する手がかりとなり，社会的相互作用を促進する効果を持つ可能性があるのです。

また，マザリーズは社会的相互作用を促進することにより，その後の発達にとって重要な役割を果たす可能性があります。例えば，これまでにマザリーズ

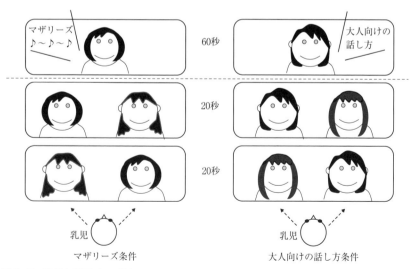

図3-5　映像を呈示する手続き（Schachner & Hannon, 2011より一部改変）

第3章 マザリーズの心理

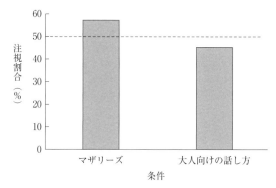

図3-6 各条件における最初の60秒間に話した女性を注視した割合（Schachner & Hannon, 2011より一部改変）

と共同注視（joint visual attention）の発達の関連が検討されています。共同注視とは，他者の視線や指差しの方向を追従する能力であり，他者が見ているところを見ることと定義されています（Corkum & Moore, 1995）。この能力は生後1年目に徐々に発達するといわれており，対象への興味を誘発して認知能力の発達を促進するだけではなく，その後の他者の意図理解の基盤にもなる重要な能力です（例えば，Tomasello, 1995）。

ロバートら（Roberts et al., 2013）は，まず乳児が6か月の時に，家でおもちゃを使って乳児と遊ぶ母親の声の周波数を分析し，どのくらいマザリーズを使用しているかを測定しました。次に，乳児が12か月の時に，実験室で視線や指差しの追従など乳児の共同注視能力を測定しました。そして，母親のマザリーズの程度と乳児の共同注視能力の関連を検討しました。その結果，6か月時に抑揚をつけて語りかけていた母親の乳児は，12か月時に共同注視能力が高いことが明らかになりました。これは，母親と乳児との関わり合いの中でマザリーズを使用することが，その後の共同注視の発達を促進することを示しているといえます。マザリーズの程度の高い母親は乳児との社会的相互作用を促進し，学習の機会を多く提供することができます。このことにより，母親が自分やおもちゃに注意を向かせるといった意図的な関わりを多く持つことができ，その後の乳幼児の発達によい影響を与えていると考えられます。

4. 言語の獲得を促進する

　生後1年目の前言語期において言語の文型や構造に気づくことが，大人と同様の言語を理解し，表出するために必要であるといわれています。乳幼児は，同じ言語を使用する周囲の人，特に身近な養育者から常に言語を学んでいます。その養育者が乳幼児に対してマザリーズで語りかけることが，言語の獲得を促進すると考えられています。

　例えば，マザリーズでは「○○ちゃーん，おなかがすいたのかなぁー？おっぱい飲もうねぇー」「うーん」「そうだねぇー」というように，抑揚をつけて話す様子がよくみられます。また，母音を強調するという特徴がどの言語にもみられるといわれており，単語の各音を引き伸ばしながらゆっくりと話す様子が観察されることが多いようです。このようにマザリーズの単純な句構造や，抑揚をつけて誇張する特徴が，単語や節の分節化を促進し，文法構造を理解する手がかりになることがわかっています（例えば，Fisher & Tokura, 1996; Morgan et al., 1987; Venditti et al., 1996)。さらに，母音を強調してゆっくりと話すことにより，まだ言葉を話すことができない乳幼児でも音をよく区別できるといわれており（例えば，Liu et al., 2003)，言葉の学びをうながしていると考えられます。また，マザリーズでは「転んじゃったねぇー，いたい，いたいだねぇー」というように，同じ言葉を繰り返して話す様子もよく観察されます。このマザリーズの繰り返しのリズムパターンが，語彙の理解や単語学習を促進していると考えられます。

　このように，マザリーズは社会的相互作用を促進し，学習の機会を増やすだけではなく，文章の構造をわかりやすく伝えることにより，言語の獲得を手助けしているようです。1歳までの前言語期は，言語を習得していくための準備期間として重要な時期です。言葉を話し出すのは2歳前後ですが，前言語期から母子間のコミュニケーションの中でマザリーズを使用して語りかけていくことが，その後の言語発達を促進するために効果的であるといえます。

第2節　マザリーズと脳活動

　近年，言語および運動能力が制限されている乳幼児が外界の刺激をどのよう

に認識しているかを調べるために，脳活動を測定する研究が数多く行われています。ケイシーとデ＝ハーン（Casey & de Haan, 2002）は，脳イメージ法を用いて乳児の脳活動を測定する先駆的な研究を行っており，脳機能レベルで乳児の知覚や認知能力を理解することができるようになってきています。その後，いくつかの研究においてマザリーズに対する脳活動が測定されており，マザリーズは注意をひきつけるといった行動の変化を引き起こすだけではなく，脳活動にも影響を与えることが報告されています。

ザングルとミルズ（Zangl & Mills, 2007）は，6か月および13か月の乳児を対象に，頭部に電極を貼り事象関連電位（ERP）を測定することにより，マザリーズと大人向けの話し方に対する脳活動を比較しました。事象関連電位とは，光や音，あるいは自発的な運動といった特定の事象に関連して生じる脳の反応です。例えば，陰性電位（N200－400）という脳の反応は言語理解，陰性電位（N600－800）という脳の反応は注意処理と関係しているといわれています（例えば，Mills et al., 2005）。ザングルとミルズ（Zangl & Mills, 2007）の研究では，両方の月齢において大人向けの話し方よりもマザリーズが呈示された場合，脳の左半球で陰性電位（N600－800）を示すことが明らかになりました。この知見は，脳機能レベルでも乳児がマザリーズと大人向けの話し方を異なるものとして知覚し，よりマザリーズに注意を向けていることを示しているといえます。また，月齢別に見ると13か月の乳児ではより脳の反応が生じていました（表3-1）。13か月の乳児においては，既知語と非既知語の両方に対して陰性電位（N600－800）を示すだけではなく，既知語に対して左側頭

表3-1 各月齢におけるマザリーズと大人向けの話し方聴取時に生じる事象関連電位（Zangl & Mills, 2007より改変）

	6か月児	13か月児
N200－400 （言語理解と関係）	既知語：生じない	既知語：マザリーズ＞大人向け 左側頭と左頭頂領領域
	非既知語：生じない	非既知語：生じない
N600－800 （注意処理と関係）	既知語：マザリーズ＞大人向け 左半球	既知語：マザリーズ＞大人向け 左半球
	非既知語：生じない	非既知語：マザリーズ＞大人向け 左半球と右半球

と左頭頂領域で陰性電位（N200 – 400）を示しました。言語経験を通して語彙数が増える13か月の乳児において，マザリーズは注意をひきつけるだけではなく，言語の理解をうながす効果があると考えられます。

また，乳幼児はマザリーズの感情豊かな話し方から強い愛情を感じ取り，相手にポジティブな感情を抱き，コミュニケーションを図るようになると考えられています。サイトウら（Saito et al., 2007）は，乳幼児がマザリーズの感情的要素に反応しているかを脳機能レベルで調べるために，生後2日から9日の新生児を対象にマザリーズ聴取時の脳活動を測定しました。その際，脳の前頭前皮質（prefrontal cortex）が感情に関連する重要な部位であるといわれているため（LeDoux, 1996），マザリーズと大人向けの話し方に対する前頭部での脳活動を比較しました。この研究では，脳活動を測定するために近赤外線分光法（near-infrared spectroscopy: NIRS）が用いられました。近赤外線分光法とは近赤外線という光を頭皮上に照射し，脳内のヘモグロビン（Hb）量の変化を計測することにより，脳のどこが働いているかを知る方法です。安全に，そして比較的簡便に脳機能を記録できるため，乳幼児の研究においても広く普及してきています。

サイトウら（Saito et al., 2007）の研究では，母親がマザリーズで物語を読んだ時，大人向けの話し方で読んだ時よりも，脳の前頭部での活動が活発になることが明らかになりました（図3-7）。また，同様の反応が新生児が眠っている時でさえもみられました。

このように，マザリーズ聴取時に感情と関連する部位である前頭部で脳活動が活発になることから，新生児はマザリーズの感情的要素に反応し，相手にポジティブな感情を抱いている可能性があります。したがって，マザリーズは社会的相互作用の安定や愛着の形成といった情緒的結びつきに役立っていると考えられます。

以上のように，マザリーズは乳幼児の行動的側面を変化させるだけではなく，それに対応した脳機能にも影響を及ぼすことが明らかになりました。これらの研究により，マザリーズが言語発達を促進することや情緒的結びつきに関係することが，脳機能レベルにおいても示されたといえます。

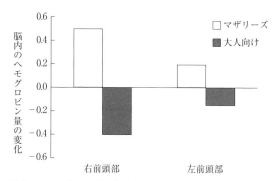

図3-7 マザリーズと大人向けの話し方に対するヘモグロビン量の変化 (Saito et al., 2007 より改変)

第3節 マザリーズの獲得

　マザリーズは乳幼児とのコミュニケーションにおける基本であり，養育者の重要なスキルであるといえます。これまでマザリーズは，意識するかしないかにかかわらず，乳幼児に語りかける際に自然に発してしまうと考えられてきました。母親などの養育者は乳幼児との関わりの中から，どのようにすれば乳幼児がよく反応するかを敏感に感じ取り（例えば，Fernald & Simon, 1984），自然とマザリーズを習得すると考えられてきたのです。また，前言語期の乳児の母親は，他人のマザリーズを聞いているだけでも言語野が活動していることから，脳内ではマザリーズをまねしようとする脳活動が活発化しているといわれています（Matsuda et al., 2011）。母親などの養育者は親戚や地域の中で育児に関わり，マザリーズを聞くことによって，自然とマザリーズを学んでいると考えられます。

　しかし近年，マザリーズによる語りかけを介した母子間のコミュニケーションを行うことができない母親が増えているようです。これは，核家族化や地域社会の崩壊により，女性が乳幼児にふれ合う機会が減少していることが原因として考えられます。また，いくつかの研究においては，産後うつなどにかかった母親がマザリーズを話さないことが明らかになっています。例えば，ベット

(Bettes, 1988) は，ベック式抑うつ評価尺度（BDI; Beck et al., 1961）において抑うつの程度が高い母親は，抑うつの程度が低い母親よりも低い声で話すことを報告しています。同様にカプランら（Kaplan et al., 1999）は，うつ病であると診断された母親は乳児に語りかける声が低く，抑揚が小さい平坦な話し方をすることを示しています。このように，産後うつにかかった母親は，乳幼児への感受性が低く，マザリーズの特徴を示さないことがわかってきています。これは質の低い保育へとつながり，この状態が長期間続くと乳幼児の発達に悪影響を及ぼす可能性があります（Hoffman & Drotar, 1991; O'hara & Swain, 1996）。また，産後うつの母親がマザリーズを話さないことにより，母子間のコミュニケーションがうまくいかず，愛着の形成にも悪影響を及ぼすと考えられます。

　そこで今後は，マザリーズを話せない母親を早期に発見し，母親のメンタルケアを行っていくことが必要です。また，中川・松村（2010）は，乳児との接触経験のある女子大学生は，接触経験のない女子大学生よりも，乳児に対してゆっくりと話すようになることが報告されています。すなわち，育児未経験者であっても乳児との接触経験をもつことにより，マザリーズの特徴が顕著になるということです。やはり，マザリーズでの語りかけができない母親に対しては，多くの乳幼児と接する機会をつくり，まずはマザリーズを意識的に使用し，習得できるように支援するプログラムを実施していくことが必要であると考えられます。

コラム1

母子の愛着とマザリーズ

　マザリーズは，大人が赤ちゃんに語りかける際の独特な話し方です。なぜ，大人は赤ちゃんに向かってこのような独特な話し方をするのでしょうか？　臨床的な側面から少し考えていきたいと思います。

　臨床発達において，子どもの心身の安定を考えるのに重要な概念に，親子の情緒的な絆である「愛着」というものがあります。エインズワースら（Ainsworth et al., 1974）は，愛着形成に大きく関わるのが大人の「敏感性」であると示していま

す。すなわち，赤ちゃんのシグナルを解釈し，調律し，適切かつ素早く「敏感に」応答することが，愛着関係を築くことに関係しているというのです。エインズワースら（Ainsworth et al., 1974）は1歳前後の子どもと母親を実験室に呼び，母子を分離させた時と再会させた時の子どもの様子を観察しました。そして，以下の3つのタイプの子どもが存在することに気づきました。①母親が部屋から出ても戻ってもほとんど無関心なタイプ，②母親が出ていくと泣いていたのに，戻ると母親を求め，気持ちを落ち着かせるタイプ，③母親が出ていくと強い不安を示し，戻ってくると母親を求めるが，怒りを示し，抵抗をするタイプです。この中で母子の愛着が安定しているのは，②のタイプのみであり，「安定型」とよばれています。1歳前後で愛着が安定型の子どもたちは，不安定型の子どもたちと比べ，その後に心理社会的にとても好ましい傾向を示していることが報告されています。例えば，就学前の5歳になった時点では，友達に対して共感的に関わることができ（Sroufe et al., 1983），就学後の10歳になった時点では，問題が発生した時にきちんと親を頼ることができ，友達との葛藤も少なかったのです（Suess et al., 1992）。

　このように発達初期に特定の大人との間に安定した愛着を築くことは，その後の人生に大きな影響を与えることが多くの研究で明らかになっています。そうした安定した人間関係を構築するためには，赤ちゃんの時期における，大人から発せられるマザリーズのような「敏感性」の高い関わりが，非常に大切になってくるのではないでしょうか。

コラム2

マザリーズとカウンセリング

　マザリーズに赤ちゃんは引き込まれます。そもそも，赤ちゃんは言葉も知らないはずなのに話し方で魅了されてしまうとは，よく考えてみると不思議なことです。なぜ赤ちゃんはマザリーズに魅了されるのでしょうか？「カウンセリング」という視点から考えてみたいと思います。

　マザリーズでの話し方は，赤ちゃんの反応を待つような小休止があったり，わかりやすくゆっくり繰り返して話したり，高いトーンで抑揚をつけて楽しく話したり……。これらはすべて赤ちゃん目線で非常に敏感性の高い話し方です。

　実は，この相手目線で話すというのは大変なエネルギーがいる関わりであり，カウンセリングや心理臨床といった場面では，カウンセラーは何年も訓練しなければならないほどです。カウンセリングでは，カウンセラーとクライエントの信頼関係

が最も大切であり、信頼関係があってはじめてクライエントは自分のことを安心して語ることができるようになります。カウンセラーは関係構築のために訓練する必要があるのですが、その中で注目されるカウンセリングの技法に「ミラーリング」というものがあります。ミラーリングとは、クライエントの声のトーン、リズム、話し方、話のスピードなどの音声的なものや、身振りやしぐさ、姿勢、呼吸、視線、表情などの視覚的なものなど、ノンバーバル行動や用いられている言葉のパターンをよく観察し、カウンセラーが鏡のように相手に合わせていく技法のことです（O'Connor & Seymour, 1990）。このミラーリングの技法をすると、そうでない場合と比較して、クライエントは、カウンセラーが自分の気持ちに共感してくれていると感じる割合が高くなることが実証的に示されています（青柳，2013）。つまり、大人も自分に合わせた音声を含めたノンバーバルコミュニケーションをしてもらうことで、相手の共感を得て、安心感を持つことに繋がることが示唆されています。

　大人であれ、乳児であれ、人は相手が自分に寄り添った話しかけ方、関わり方をしてもらうと、自身の精神的な安心感を得ることができます。それは相手のことを心から信頼することに繋がり、さらには自分自身が成長することに繋がっていくのではないでしょうか。マザリーズは、赤ちゃんと大人がこころから深い絆で繋がるために、大人側にもともと備わっている究極の技法なのかもしれません。

第4章 マザリーズと音楽の発達

第1節 乳児の「歌」と「言葉」の発達

　「歌」と「言葉」のいずれも声を使って表現されるものです。そのため「歌」と「言葉」の発達は密接に関連しています。言葉を話し始める前の乳児の声には，その違いははっきりとはしませんが，いずれ「歌」になるものと「言葉」になるものの両方が含まれています。

　ムーグ（Moog, 1976）は6か月から7か月の乳児の喃語（babbling）には，それぞれ言葉と歌に反応して起こる2種類が存在すると説明しています。ムーグは「6〜7か月の乳児が，話しかけられた時に引き起こされるのが発話に対する喃語で，音楽に対する喃語は歌いかけられたり，音楽を演奏されたりした時だけ起こる」（Moog, 1976, p.59）としています。つまり乳児の音声反応には，大人による話しかけに反応して起こるものと，歌いかけや音楽に反応して起こるものの二つに分けることができます。

　さらにムーグは，音楽に対する音声反応の中にも2種類の喃語が存在するとしています。その一つがヴォーカライゼーション（vocalizations），もう一つが音楽的喃語（musical babbling）です。

　ヴォーカライゼーションとは，乳児が音楽を聴いて「クックッ」というような笑い声を出したり，まるで鳥の鳴き声のように聞こえる喜びの声を出すこと，また音楽を聴きながらあるいは聴き終わった後に「バブバブ」言ったり，あたかも感想を述べるかのように独り言をしゃべっているような声で反応を示すことを言います。音楽を聞いて思わず出てしまったかのような音声反応です。

43

第 1 部　乳児の発達とマザリーズ

　それに対して音楽的喃語は，乳児が音楽を聞いた時に言葉ではない音で喜びを表現する声として発せられます。まだはっきりとした音楽にはなりませんが，歌詞のないメロディーのような音声反応になります。

　乳児はこのヴォーカライゼーションと音楽的喃語を母親や保育者による歌いかけや音楽への反応として行います。つまり，母親や保育者のマザリーズを聞いて，話す声の音や抑揚を学び，それをまねてヴォーカライゼーションとして「言葉」になる声を出します。遊びの歌や子守唄を聞いて，そのメロディーやリズム等を学び，それをまねて音楽的喃語として「歌」になる声を出します。はじめのうちはまだ形にならない「言葉」や「歌」が徐々に大人と同じものになっていきます。

　では，どのように音楽的喃語が「歌」になっていくのでしょうか。パポーセック（Papousek, 1996）はその過程を表 4-1 のような 6 つの発達段階に分けています。

　パポーセック（Papousek, 1996）は乳児の音声反応を長期的に観察し，音楽的喃語の発達段階を表 4-1 のような 6 つのステージに分けました。この発達は第 2 章で説明された言葉の発達に非常に似ています。成長するにつれてだんだんと「アー」「ウー」「パッ」「ダー」といった音（0 か月：音韻的発声）に音の高さやアクセントなどが現れ（1.5 か月〜：メロディーの要素，アーティキュレーション），自分の声で遊ぶようになり（3 か月〜：予備練習的な声遊び），その声に繰り返しパターンが現れ（6 か月〜），発することのできる声のバリ

表 4-1　パポーセックによる音楽的喃語の発達段階（Papousek, 1996）

月齢	声の発達
0〜	音韻的発声
1.5〜	メロディーの要素と初歩的な音楽的アーティキュレーションがクーイングに現れる
3〜	予備練習的な声遊び
6〜	繰り返しパターンの喃語
8〜	多彩な喃語，初語
11〜	一語発話期／一語文期

エーションが広がり（8か月〜），一語発話期（11か月〜）では言葉を短いメロディーにのせて発することができるようになります。

音声反応以外の音楽に対する行動の発達については，デービッドソンら（Davidson et al., 1981）が過去に行われたさまざまな研究をもとに自分たちのデータを合わせて平均年齢を算出しています（表4-2）。

1歳を過ぎてから幼児は声だけではなく身体での音楽に対する反応を始めます。約1歳半で音楽に反応して身体を動かすようになり，2歳近くになると音楽に対して好みを示すようになります。2歳を過ぎると音楽により関心を寄せるようになり，約4歳半では自分から音楽をしたいと要求するようになります。さらに同じ研究チームの結果から，1曲すべてを歌えるようになるのは3歳頃だと明らかになりました。

さて，ここまでは一般的な乳幼児を対象とした研究の結果を述べてきましたが，これから紹介するのは生まれる前，胎児の頃から音楽教室へ通う"音楽エリート"な子どもたちを対象に行った研究から明らかになったことです。この研究はタフリ（Tafuri, 2008）を中心にイタリアでイン・カント・プロジェクトと名付けられ大々的に行われました。

このプロジェクトに賛同した母親（参加当時は妊婦）は週に1度音楽教室へ通い，宿題として毎日課題の歌をお腹の胎児へ歌いかけたり，CDで決まった音楽を聞いたりしました。そして出産後も再び子どもといっしょに音楽教室へ通い，積極的に子どもと音楽に関わりました。そうした環境で育った子どもたちの胎児期から6歳までの音楽発達を観察したのです。

そして明らかになったこととして，生後4〜5日の新生児が生まれる前から聴いていた曲を判別できること，2〜3か月以降6〜7か月までの乳児の喃語

表4-2　音楽に対する行動の平均年齢（Davidson et al., 1981）

年齢	音楽行動
1.40	音楽に反応して動く
1.94	音楽に対して好みを示す
2.31	音楽に注意を向けるようになる
4.43	音楽活動に関わることを要求するようになる

の中に音楽の要素が含まれていること，このプロジェクトでトレーニングを受けた幼児は2歳のはじめ頃には1曲すべてを歌えるようになったこと，などがあげられています。一般的に1曲すべてを歌えるようになるのは3歳になる頃ですので，このプロジェクトに参加した幼児は約1年も早く歌を歌えるようになったことになります。

　上記のような，イン・カント・プロジェクト特有な結果だけでなく，それ以外に他の研究ですでに明らかになったことの再確認もされました。例えば，乳幼児はスピーカーからの声や音楽よりも生の歌声や音楽を好むこと，父親の声よりも母親の声，男性の声よりも女性の声を好むことなどが明らかになりました。

　これらの結果から，ただCD等で音楽を流すよりも乳幼児へ直接歌いかけること，特に母親が歌ってあげることがとても大事だとタフリは述べています。乳幼児は好きな歌をたくさん聞いて，音楽的喃語やヴォーカライゼーションを繰り返しすることを通して「歌」と「言葉」を習得していきます。

第2節　「歌いかけ」とマザリーズ

　「マザリーズはとても音楽的な言語である」といわれており，マザリーズを英語で説明する時にはよく「音楽的（musical）」という単語が使われます。普通の話し言葉よりも声の高さの幅が広く，抑揚の大きな話し方，テンポの緩急もあり，同じ単語を繰り返すリズミカルな話し方がまるで音楽のようであることから音楽的という単語が使われるようです。マザリーズという「言葉」で既に音楽的なのですが，乳幼児への歌いかけもやはり大人に対するものよりもさらに音楽的表現が豊かになっています。

　トレハブとハノン（Trehab & Hannon, 2006）は乳幼児への歌いかけ（infant-direct singing）には，何を歌うかにかかわらずどんな曲にでも，高めのピッチと遅めのテンポ，そして感情を込めた表現という共通する要素があることを指摘しています。また高めのピッチと遅めのテンポ，繰り返しなどの共通する音楽的要素を含んだ歌を乳幼児が好むことも明らかになっています（Trehab & Trainor, 1998）。

高めのピッチと遅めのテンポ，この二つの音楽的要素は子守唄に万国共通してみられます。逆にいえば，乳幼児が好むこの二つの要素さえ含ませれば，どんな曲でも子守唄になってしまうようです。数年前のテレビ番組で，ある男性が自分の家庭での子育ての役割は子守唄を歌うこと，その子守唄が『六甲おろし』であること，子どもはいつでもどこでも彼の歌う『六甲おろし』を聞くと寝てしまうと話していました。『六甲おろし』を子守唄に選んだのは彼が1番の歌詞を最後まで覚えている唯一の曲がこの曲だけだったと理由を説明していました。本来は勇ましい応援歌であるこの曲も，高めの声で，ゆっくりと歌うことで子守唄として成立してしまうのです。同じようにちょっと子守唄には向いてなさそうな元気な曲，トトロの『さんぽ』やGReeeeNの『奇跡』などもよく歌う子守唄として選択されることが，私たちが「赤ちゃん塾」や「マザリーズ教室」で行ったアンケートの回答からわかりました。

　子守唄のない文化はないといわれているように，乳幼児はみんな子守唄が好きで，乳幼児の生活に子守唄は不可欠です。そんな子守唄には乳幼児の好きな音楽的要素である高めのピッチと遅めのテンポが含まれています。スタンドリー（Standley, 2003）が，おしゃぶりを吸うと子守唄が流れる装置を作って実験を行ったところ，乳幼児は子守唄を聞きたいためにおしゃぶりを吸ったと報告されています。また同じくスタンドリー（Standley, 2003）の研究で子守唄をBGMとして流したところ，新生児のNICU（新生児特定集中治療室）の入院日数が減ったとの報告がされています。

　また乳幼児が，乳幼児へ向けた歌い方を大人への歌い方よりも好むことがわかっています（Nakata & Trehab, 2004）。マザリーズが普段の話し方よりも少し大げさになるように，乳幼児に歌いかける時は高めのピッチと遅めのテンポ，そしてより感情を込めて大げさにするほうが乳幼児の反応がよいようです。

　ところがこの反応にも，二つの側面があるようです。ナカタとトレハブ（Nakata & Trehab, 2004）が34組の母子を集めて行った実験では，二つの相反する実験結果がでました。一つは母親が歌を聞いて元気になる反応，もう一つは反対におとなしくなる反応でした。

　この実験は5〜7か月の乳児を対象に，母親が普段子どもに歌いかけている曲を歌う前と後に乳児の唾液に含まれるコルチゾールの量を測定する方法で行

われました。コルチゾールの量はストレスの指標としてさまざまな実験で使われています。乳児が実験室についた直後に採取されたよだれと，母親の膝の上で顔が向き合う姿勢で歌を歌ってもらった後に採取されたものとの量を比較する実験です。

実験の結果，歌を聞く前のコルチゾールの量が少なかった乳児たちは歌を聞いてその量が増え，もともとコルチゾールの量が多かった乳児たちの量は反対に減りました。つまり，もともとリラックスしていた乳児には母親の歌はちょっとした緊張を与え，ストレスのかかっていた乳児にはそれを軽減する効果があったと考えることができます。

母親の歌は乳幼児を覚醒させたり，リラックスさせたりする効果があるようです。このナカタとトレハブの実験では母親の歌唱自体については詳しくはふれていませんが，母親や保育者の歌い方によっても乳幼児の反応は変わるのではないでしょうか。母親や保育者は，無意識のうちにこういった効果があることを把握し，実践しているのかもしれません。

第3節　音楽的な母子間コミュニケーションと母国語の影響

第1節では乳幼児の音楽的発話と発達段階について，第2節では大人による乳幼児への「歌いかけ」もマザリーズと同じく音楽的であることを述べました。乳児の喃語も大人からのマザリーズも音楽的なのですが，母子間の声のやりとりもまた音楽的であることがわかっています。

マロック（Malloch, 2000）は，生後6週間の乳児ローラとその母親ケイの間で交わされた声のやりとりを分析し，その構造が音楽と同じ構造であると説明しています。27秒間のやりとりが4つの部分に分かれていて，導入から始まり，発展し，それが頂点に達し，収束を迎えるという構造が音楽の起承転結と同じなのです。声の高さも，導入では低めに始まり，発展で一段高くなり，頂点では声のテンポが速くなり，収束ではまた声の高さが低くなるとともにゆっくりとした応答で終わります。これは四行詩でできている世界中の多くのわらべ歌や子守唄の構造と一致します。『どんぐりころころ』（楽譜4-1）を例にあげると，最初の「どんぐりころころどんぶりこ」が導入，「おいけにはまってさあたい

第4章 マザリーズと音楽の発達

楽譜 4-1　楽譜「どんぐりころころ」（作詞：青木存義，作曲：梁田貞）とその構造

へん」が発展，「どじょうがでてきてこんにちは」が頂点，「ぼっちゃんいっしょにあそびましょ」が収束にそれぞれあたります。

　また，英語のわらべ歌『ハンプティ・ダンプティ』（図 4-1）も同じ構造です。最初の「ハンプティ・ダンプティが塀に座った」が導入，「ハンプティ・ダンプティが落っこちた」が発展，「王様の馬と家来の全部がかかっても」が頂点，「ハンプティを元に戻せなかった」が収束部にそれぞれあたります。

　また，マロックとトレヴァーセンは全体の構成だけではなく，ローラとケイの声のやりとりは，拍，質，物語性の3つの面で音楽的であるとしています（Malloch, 2000; Malloch & Treverthen, 2009）。

　拍は声やジェスチャーやフレーズやモチーフなどの規則的な繰り返しのことで，「クックッ」「アーウー」といったごく短い声やさらにもう少し長く発声される声がフレーズとなり，それらが規則的に繰り返されることで音楽の3要素の一つであるリズムを徐々に形作っていきます。

　質は感情を表すための声色やジェスチャー等のことで，聞いている人の心を動かすような繊細な表現のことをさします。感情を伝えるという音楽の大切な役割がすでに母子間の声によるコミュニケーションの中に存在することをマロックとトレヴァーセンは指摘しています。

　母と子の間で繰り返される声のやりとりには物語性も存在します。音楽には作曲者や演奏者が聴衆に伝えたい内容があるよ

> ハンプティ・ダンプティ
> ハンプティ・ダンプティが塀に座った
> ハンプティ・ダンプティが落っこちた
> 王様の馬と家来の全部がかかっても
> ハンプティを元に戻せなかった

図 4-1　「ハンプティダンプティ」の詩とその構造

うに，母子間の音声コミュニケーションにも伝えたいこと，二人の間に伝わったことがあります。二人の声やジェスチャーでのやりとりが導入，発展，頂点，収束を形作り，そこに一つのストーリーが生まれ完結します。この物語性が特に大切で，伝えたい感情や物事の存在が母子間の声のコミュニケーションを活発にします。乳幼児は母親との声のやりとりを重ねながら，「言葉」や「歌」を徐々に学び，その声は伝えたいことが感情的な面であればより「歌」や音楽へと，情報伝達であれば「言葉」へと発達していきます。

　こうして乳幼児の頃からのマザリーズや歌いかけから言葉と音楽を同時に学んでいくため，大人になってからの音楽行動にも母国語の影響は強く反映されています。例えば，同じクラシック音楽でもフランス音楽とイギリス音楽では雰囲気が違うと感じる人は多いと思いますが，これはそれぞれフランス語と英語のリズムが楽曲に反映されていることが理由の一つのようです。言語のリズムを測定する数式をクラシックの器楽曲に用いて比較したところ，フランス人作曲家のつくる音楽にはフランス語のリズムと同じ特徴があり，イギリス人作曲家の音楽には英語のリズムに似たリズムになっていたことが明らかになっています（Patel & Daniele, 2003）。歌詞を伴わない器楽曲にもこうして母国語のリズムの影響がでているのです。

　オオグシ（Ohgushi, 2002, 2006）は，ほぼすべての当時 CD として市販されていたモーツァルトのピアノソナタ（K.331）のプロのピアニストの演奏をリズム分析し，日本人が西洋人とは違う演奏をしていることを発見しました。そしてさらに後の研究によって，こうしたリズムの知覚や再生時に起こる違いは母国語のリズムに起因すると結論づけられています（Patel et al., 2006）。この母国語リズムに起因するリズム感の違いは，5歳で既に形成されることも報告されています（畔地，2005; Azechi, 2006）。

第2部

保育者養成とマザリーズ指導

第5章 乳児保育とマザリーズ活用

第1節 乳児保育の基本

1. 乳児の発達

　乳児とは，児童福祉法では出生から満1歳未満まで，語源的には母乳で育てられ歩き出すまでの，生後1年から1年半ぐらいまでの子どもを指します。この時期には，大脳皮質（神経細胞が集まり，知覚・随意運動・思考・推理・記憶など脳の高次機能を司る部位）が急速に発達します。最近の脳科学研究では，ヒトの一生を支配する複雑な脳神経ネットワークの大まかな配線は，ほとんど妊娠中の胎児期から3歳くらいまでに決まってしまうということがわかってきています（後藤，2014）。

　1年間で体重は出生時の約3倍（約9kg），身長は約1.5倍（約75cm）になります。また，精神機能や運動機能もめざましく発達します。例えば，誕生直後は何も話せず，どこにも移動できないのに，1歳頃には「ママ」などの一語文を話し，一人歩きができるようになります。新生児特有の反射行動（原始反射：モロー反射・哺乳反射・自動歩行反射・把握反射・緊張性頚反射・バビンスキー反射など）は次第にみられなくなり，環境に対する能動的な行動が出てきます。乳児期の発育は首のすわり，一人座り，一人立ち，一人歩きのように順序性を持って変化し，発達は頭部から足のほうへ，身体（体幹）の中心から手足の末端へ，また，運動機能も全身の大きな動きから手指の細かい動きへといったように，ある一定の方向性を持って進みますが，必ずしも同じ時期に直線的に変化するのではなく，停滞したり，あるいは飛躍的に変化したりすることがあり

ます。とはいっても，発育障害やさまざまな病気の早期発見など，乳児の発育・発達と健康を守るための手立てとして，平均的な発達の道筋を知っておくことは必要です（網野・阿部，2012）。

　以上のように，心と身体の発育・発達が一生のうちで最も急激な乳児期は，人生の中でとても重要な時期なのです。しかし，乳児保育は，出生する前の胎児期からすでに始まっていると考えられています。

　胎児の視覚は在胎24週頃になるとほぼ完成します。胎児は母親の腹壁を通して光を感じ，まぶしそうなしぐさをします（Kitzinger, 1986）。動くものに反応し，しっかり見えるようになるのは（ただし20cm前後のもの），生後3か月を過ぎた頃です。

　聴覚も同じように在胎20週頃になると機能し始め，胎児は子宮の中で母親の血流の音や心音を聞くことができるようになります。在胎26週に聴覚はほぼ完成し，28週を過ぎると腹壁を通じて，外の音や声が聞こえるようになります。音を聞き分けることができるのは生後5〜6か月頃になりますが，胎内に直接響いてくる母親の声だけは生後すぐ聞き分けることができるといわれています（小西，2012）。

　また，嗅覚も在胎20週頃には十分発達していて，生後すぐの乳児は，自分の母親の母乳と他の母親の母乳をガーゼ等に浸したものを目の前に置いた時に，自分の母親の母乳は臭いで分かるそうです。

　味覚については在胎28週頃になると，甘味と苦味がわかるようになり，特に甘い味を好むことがわかってきています。塩味は羊水の中にも含まれていて胎児期にすでにその味を経験しています（網野・阿部，2012）。

　残りの触覚については在胎8週頃から発達するといわれており，五感の中で最初に発達し，在胎12週頃には大人と同程度にまで発達すると考えられています。また胎児は同じ頃，お腹の中で指しゃぶりをすることが知られています（網野・阿部，2012; Kitzinger, 1986）。それは生後の授乳に対する嚥下（のみくだすこと）の準備であると考えられます。そして，母親の体温と同じ羊水を肌で感じながら安心できる環境で育っているのです（小西，2012）。

　多くの母親は胎動により，お腹の胎児に対して腹部をさすりながら声がけをしたり，あるいは歌を歌ってあげたりもします。この行為は胎教と呼ばれてお

り，やがて生まれてくるわが子との絆を形成していく最初のステップだと考えられます。

2. 乳児保育とは

　乳児は生後6か月から1歳半にかけて，旺盛な好奇心や探索心を持っています。自分の意思であちこち自由に動きまわりたいという欲求を抱き，ハイハイやよちよち歩きを始めます。その時自分勝手に動きまわると，母親や養育者からはぐれてしまうという恐れの気持ちも抱きます。乳児は自由に移動したいという気持ちと，母親・養育者を見失いたくないという両面の感情のはざまで揺れ動きます。これを表す行動として，乳児はあちこち移動してまわりながら（写真5-1），繰り返し動きを止めては振り返り（写真5-2），自分を見守ってくれているはずの母親・養育者の存在を確認するのです（佐々木，2010）。

　人格を形成していくにあたって，まずは乳児の「情緒の安定」が重要であり，乳児は泣くことを受容し応答的に関わってもらう経験を通して，自分の価値を感じ，自尊心や自己肯定感を高めていくのです（平井，1994）。また，母親や養育者の応答的な関わりから生まれる「自分は決して忘れられたり，見捨てられたりすることはない」という安心感は，母親や養育者と乳児の絆（愛着）の形成にも大きく影響します（佐々木，2010）。母親や養育者の応答的な関わりにおいて，例えば振り向いた時に「ママは，ここに居るから大丈夫だよ」「何があるかな？　見てきていいよ」などと，危険に配慮しながらも，乳児が安心して動けるように言葉をかけたり，乳児とのスキンシップやアイコンタクトをとったりすることが重要になります。

写真5-1　あちこち移動している様子

写真5-2　振り返りの様子

さらに、乳児保育を支える母親にとって、保育者や家族などの第三者的な人の存在は非常に重要です。

現在、都市部を中心に孤独な育児をする母親が増える傾向にあります。身近に相談する人がいない不安を感じたままの育児が続くと、乳児の欲求に応える精神的な余裕がなくなり、育児が辛く苦しいものになってきます。かつては大家族の中で多くの支援があり、近所のお母さんたちの子育ての手本をみて学び、「子どもって、そんなものよ」「子どもは泣くのが商売だから」などの励ましをもらい、試行錯誤しながら育児をするのが普通でした。その頃はストレスや育児ノイローゼとは程遠い育児であったように思われます。現代の母親にとって、乳児保育を自然にするということが、非常に難しくなっているのかもしれません。

第2節　乳児保育におけるマザリーズの活用

1. 日常の中に取り入れるマザリーズ
(1) 朝の目覚めや泣いた時は抱っこで

乳児にとって、抱っこ（写真5-3、写真5-4）は本能的な要求であると考えられています（山口, 2014）。乳児が泣いてぐずったりした時にも、まずは笑顔でアイコンタクトをとり、「抱っこするよ」と声がけしてから、抱っこしてあげると乳児は安心します（河原・港区保育を学ぶ会, 2011）。母親や保育士の腕の中は、乳児にとっての安心・安全基地です。そして、優しくゆっくりとやや高めのトーンで、「お・は・よー」「いい・子だねー」「いっぱい・ねんね

写真5-3　母親に抱き上げられ笑顔になる

写真5-4　母親の抱っこで安心

したねー」「何で泣いたのかなー」などマザリーズを活かして接すれば，いっそう乳児の気持ちは落ち着くはずです。また，このようにスキンシップをしている時，母親側にオキシトシン（脳下垂体から分泌され，出産時は子宮を収縮させ分娩をうながし，授乳時は乳汁を分泌促進させるホルモン）が分泌されることもわかってきました。このオキシトシンには，ストレスを低減する効果もあるといわれています（山口，2014）。抱っこは，抱っこをする人・される人の両方にメリットがあるのです。

　そして抱っこを繰り返しているうちに，泣き方やしぐさ，臭い等から，何が原因（例えば，「空腹」「甘え」「眠い」「排泄」）で泣いているのかがわかるようになり，その乳児の欲求が満たされると乳児と母親ともに気持ちが落ち着き，互いの愛着もますます強くなっていきます。

　しかし実際には，泣いている原因がわかったとしても，その乳児の欲求を直ちに叶えることが難しい場面も少なくないでしょう。そのような状況でも，乳児の気持ちに寄り添う姿勢が大切になってきます。これが「心の抱っこ」です。たとえ身体的に抱くという体の動作を伴わなくても，手をつなぐ，いっしょに絵本を読む時間を少し増やす，ぐずる時にはちょっと丁寧につき合ってあげるなど，ちょっとしたことが抱っこの代わりになると思います。母親自身が何らかの問題を抱えている時は，母親の「心の抱っこ」をしてくれる存在（例えば，母親にとって支えとなる保育者）も必要です（渡辺，2014）。

(2) おむつ替えの時

　おむつ替えは，乳児にとって不快から快に代わるリフレッシュのひとときであり，母親や保育者にとって，乳児とスキンシップをする絶好のチャンスです。まずは優しくゆったりと話しかけ身体に触れ，軽くさすってあげます。そして，「おしっこ，出たのー？！きれいにしよー」「さっぱりしたねー」「のびのびー」と膝のあたりをさすり，「気持ちいいねー」など母親や保育者の気持ちを伝えたり，乳児の気持ちやその時の状況など思いついたことをどんどん言語化して，抑揚をつけたマザリーズで言葉をかけてみましょう。

　おむつ替えの時間は，乳児の健康状態の把握に重要なだけではなく，愛着関係を深めるきっかけにもなる貴重な時間です。

(3) 授乳の時

　授乳は栄養補給をしながら、一対一でじっくりと関わることができる大切な時間です。子どもの適切な食習慣は乳児期から思春期までの間に、大人の食生活、行動、会話などのあらゆる環境要因から影響を受けて確立されていきます。授乳はその第一歩であり、乳児は母乳を飲んだ生理的満足だけでなく、母親に抱かれている時のぬくもり、表情、言葉がけによって、自分は大切にされていることを実感し、母親との愛着関係を深めていきます。

　乳児がぐずぐずしたり泣いたりした時には、母親はタイミングよく、優しいまなざしで目を見つめ、「おなかすいたのー」と尋ねたりすることが大切です。飲み始めた時は、ゆったりと優しく「ごっくん・ごっくん」「おいしいねー」「じょうずに飲めるねー」と状況をマザリーズで表現して、お互いのぬくもりや匂いを感じられるように意識しましょう。

　なお、哺乳瓶でミルクを与える場合は、乳首の先に空気が入らぬようミルクが満たされているように気をつけます（写真5-5）。授乳後は口の周りをきれいにし、縦に抱き、背中を優しく「ぽん・ぽん」と叩き、「わーげっぷが、でたねー」「まだ、でるかなー」「これで、あんしんだねー」と排気をさせ、安全にも気を配ります。授乳の時間も心を育む重要な機会であることを認識し、優しく微笑みながら、声をかけるなどの配慮を忘れないようにして授乳しましょう（菅原ら，2011）。

写真5-5　マザリーズの声がけで安心して飲む

(4) 睡眠・午睡（おひるね）の時

　乳児は生まれてすぐは昼夜の区別はありませんが、生後4か月頃になると昼夜の区別がつくようになり、間もなく昼夜のリズムに沿った睡眠ができるようになります。9か月頃からは夜長く眠ることができるようになります。睡眠には、眠りの深いノンレム睡眠と眠りの浅いレム睡眠があり、これらの睡眠が反復されます（網野・阿部，2012）。十分な睡眠をとることにより、脳の情報処理能力は増し、記憶が強化され、起床時により活発に活動することができるよ

うになります（宮崎，2014）。

そして，母親や保育者が落ち着いた優しい雰囲気で，頭をなでたり「トン・トン」「トン・トン」と言いながら手のひらでゆっくりと，静かに一定のリズムで背中や胸を優しく叩いてあげます。また，子守唄をゆっくりと小さな声で「ねんねんころりん」「ねんころりん」などと歌ったり，童話などを「むかし，むかしー」「あるところにー」などとマザリーズでささやきかけるようにしてあげると，心地よさそうにスーッと眠ることが多くなるでしょう（写真5-6）。

写真5-6　マザリーズの声がけで気持ちよく眠る

(5) 入浴（沐浴・清拭）の時

入浴は身体を清潔にし，身体全体や皮膚等の健康状態を把握するとともに，思いっきりスキンシップができる機会です。

汗や排泄物等で汚れやすいところを「きれい・きれい・しようー」「あわわさん・ふわふわだよー」「あたまも・おしりもきれい，きれい・しようね」「おゆかけるよー」などとマザリーズを意識しながら身体を洗ってあげます。

浴槽の中で大人の大きな腕の中に抱かれると，乳児は心地よくなり安心します。その時も「いいお風呂だねー」「ぎゅって，抱っこするよー」「抱っこで気持ちいいねー」などのマザリーズを活かした言葉をかけてみましょう。入浴後，おむつや衣服を身につける時は，濡れた身体をタオルで軽く押し拭きながら「きれい，きれいになったねー」「さっぱりしたねー」と話しかけたり，お腹をくすぐってみたり，足をさすりながら，「大きくなーれ」「おてては，こっちよー」とそで口から母親が手を迎えて通します。脱がせる時は，乳児の腕に手を添え，ひじを内側から抜くようにして脱がせます（写真5-7）。入浴時は特にマザリーズに

写真5-7　マザリーズの声がけで爽快感が増す

よる言葉がけをしやすいと思います。マザリーズをいつも聞いている乳児は，きっとお風呂が大好きになることでしょう。

第3節　遊びの中に取り入れるマザリーズ

1．乳児の生活と遊び

　乳児にとって，遊びは生活そのものです。乳児は見えるものにすぐ関心を持ち，目で追ったり，手を伸ばして掴んだり，探求心旺盛で何でも口に持っていこうとします。また乳児は，自分が見つけたものを視線や声で他者に伝えようとします。周りの大人はその瞬間を見逃さず，メッセージを受けとめて応答的に関わることが大切です。

　成長するにつれて，乳児はその好奇心や興味をますます高めながら，豊かな想像力を持つようになります。脳の活性化をうながすには，自発的に楽しんで遊ぶことが一番です（甘利，2010）。

　遊びの中でも，さまざまなやりとりを楽しもうとする姿勢が大切であり，母親が乳児の危険を感じた時に言いがちな「だめよ！」「やめなさい！」などの指示的，禁止的な声がけはできるだけ少なくして「どうしてそうなのかな？」と抑揚をつけて問いかけたり，「なるほどねー」とうなずいたり，「うん，うん，そうだねー」と共感的にあいづちを打ったり，乳児に寄り添いながら，聞いたり言ったりすることを心がけることが必要です（汐見，2010）。こうした場面においてマザリーズでの関わりは大きな役割を果たします。

2．遊びの中に取り入れるマザリーズ
（1）ふれあい遊びにおけるマザリーズ

　語りかける時と同じように，乳児に歌を歌うときには乳児向けの歌い方を自然にしています。声の高さはマザリーズほど高くありません（呉，2009; Trehub et al., 1997）。乳児は体を触って遊んでもらうことを喜びます。お座りのできない6か月未満の乳児にはふれあい遊びをたくさんしてあげましょう。歌に合わせて顔を触ったり，体をなでたり揺さぶったり，頬ずりするなどして遊びます。この際にマザリーズの優しい声で語りかけるように歌います。

第2部　保育者養成とマザリーズ指導

　生後6か月を過ぎた頃から「いないいないばあー」の遊びが楽しめるようになります。これは目の前にあったお母さんの顔が，見えなくなってもちゃんとそこに存在すること（対象の永続性）がわかり始めるということです（山田, 2014）。簡単なやりとりの遊びですが，乳児が大好きな遊びです。「ばあー」の声に変化をつけるだけでも，とても喜んで繰り返しやって欲しい表情をします。7か月頃になるとおすわりができるようになり身振り手振りで「バイバイ」ができるようになります。9か月頃になると音楽に合わせて体を左右に振ったり，リズムに合わせて反応したりするようになります。乳児は音楽を心地よいと感じ反応しているのです。

〈いないいないばあー〉

　大人が手やハンカチで顔を覆い，「いないいないばあー」と言いながら顔を見せます。「ばあー」と顔を見せる時には乳児の顔をのぞき込むようにします。乳児は大人が顔を隠すと少し不安そうな顔になりますが，「ばあー」と言いながら顔を現わした時にはとてもうれしそうな表情を示します（写真5-8，写真5-9）。この時に，マザリーズを意識して声を出してみましょう。

　慣れてきたら，顔を見せる時に笑った顔，怒った顔，泣いた顔などいろいろな表情をしてみると楽しめます。大人がハンカチをかぶっていると乳児のほうからハンカチに手を伸ばし，外しにきたりすることもあります。

　また，乳児が機嫌のいい時には，乳児の顔にハンカチをかぶせ「いないいないばあー」をするのもよいでしょう。

写真5-8　いないいないばあー

写真5-9　自分でいないいないばあー

〈ここは　とうちゃん　にんどころ〉

　乳児の顔を額や眉，鼻，頰，口，顎などを順に両手で触っていきます。「だいどうだいどう」のところでは，両手で頰を包み込むように触って「かわいいね〜」という感じで顔を見合わせます。その後，顎の下をこちょこちょくすぐるのも喜びます。「うちの家族にいろんなところが似ている子だ。かわいいね」という意味の歌です。愛情たっぷりに歌ってあげましょう。
　顔を拭くのを嫌がる乳児に，ガーゼのハンカチなどを使って顔を拭く時に歌いながらするのもよいでしょう。

(2) 手遊び，指遊び
〈げんこつやまのたぬきさん〉

げんこつやまのたぬきさん	拳を握り，体の前で交互に上下する
おっぱい飲んで	ミルクを飲む格好をする
ねんねして	両手を合わせ頰に添える（寝るポーズ）
抱っこして　おんぶして	抱っこのポーズ，おんぶのポーズ
また明日	両手の拳をかいぐりし，じゃんけんポン

　小さい子はじゃんけんができないのでじゃんけんのふりをします。速度を速くしたり遅くしたりして歌いながら遊ぶとより楽しめます。

(3) わらべ歌遊び
　わらべ歌遊びは，子どもの生活や遊びの中から生まれ，語り継がれてきた日

本の伝統的な歌遊びです。子どもを人間らしく生きていけるように導く「人育て」の効果もあったようです（神谷，2010）。地域性や伝わり方によって少しずつ変化していることもあります。その独特な抑揚と素朴な音楽性は乳児の遊びに向いています。わらべ歌は，母親が子どもをあやしたり語りかけたりする時の抑揚のある口調であるマザリーズに似ています。歌うようにして語り，動作もつけた唱え歌といえます。

わらべ歌の音階は5音階でできています。「はなちゃん」「せっせっせーのよいよいよい」のように2音や3音で歌われるものもあります。あまり楽譜にとらわれることなく，自然に歌い楽しみましょう。

〈ちょちちょちあわわ〉

ちょちちょち	手拍子を2回する
あわわ	パーの手で「あわわ」と口元を軽く叩く
かいぐりかいぐり	胸の辺りで軽くげんこつを握り，手を上下にくるくる回す
とっとのめ	両手で目尻を顔の中心に向け押すようにして目が魚の目のように丸くなるようにする
おつむてんてん	頭を軽くトントンと叩く
ひじぽんぽん	右手で左肘をポンポンと叩く

大人がやってみせた後に，乳児を膝に載せ手首を握ってこの動作をやってあげると喜びます。

〈いっぽんばし　こちょこちょ〉

いっぽんばし　こちょこちょ	子どもの手首を持ち，手の甲に人さし指で一の字を書いてから，こちょこちょとくすぐる
すべって　たたいて　つねって	手の甲をなでる，たたく，つねる
かいだんのぼって	腕を階段に見立て，2本の指で歩くように肩のほうに登っていく
コチョコチョ	脇の下（体）をくすぐる

　くすぐり遊びは子どもたちが大好きな遊びの一つです。

　わらべ歌や手遊びで子どもといっしょに遊ぶことで，子どもにどのように語りかけたらよいかどのような関わり方をすると子どもたちが喜んで反応するかなどがわかってきます。語りかける時の声のトーンや間のとり方も身につくことでしょう。

（4）絵本の読み聞かせ

　子どもは絵本を読んでもらうことが好きです。泣いている子どもに大好きな絵本を見せ，膝に抱いて読み聞かせているうちに泣き止んでしまうこともあります。今泣いていた子がもう笑ったという感じです。

　マザリーズを活用して読み聞かせをすることは，子どもの心の安定にも繋がります。子どもの想像の世界を広げ，感性を豊かにする心を育てるためにも読み聞かせは大切なことといえます。そして，絵本の中に自分では経験できない生活場面に出合い，その物語の語り口から多くの言葉を知っていきます。

　しかし，乳児保育において絵本の読み聞かせが苦手に思っている人もいるでしょう。特に大勢の子ども達の前で読み聞かせをする時に，どんなふうに読んだらいいのかわからないと思っている人もいるかと思います。子どもに絵本を見せる時にどのように興味を持たせたらいいか，声の抑揚はどうか，絵本の持ち方はどうか……などと悩んでしまいがちです。苦手意識のある人は，まずは絵本を好きになって，いろいろな絵本に出合うことから始めてみるとよいでしょう。読み聞かせに大切な基本を理解し，子どもと絵本を介した素敵な時間をつくってください。

●読み聞かせのポイント

①発達に合った絵本選び

　まずは発達に合った絵本選びをすることが大切です。0歳児であれば，前半は絵が大きく色や形のはっきりした絵本を選びます。後半は身近な生活の中でみられるような絵が書かれており，紙に厚みがあって子どもがめくりやすい絵本を選びます。また1歳児の頃はリズム感のある言葉や繰り返しのある展開内容の絵本を好みます。年齢が高くなるに従って，ストーリー性のある絵本を選ぶようにします。

②お話に合った読み方をする

　乳児を対象にした読み聞かせをする時は，普通に話す時よりも少し高い声で話します。マザリーズの周波数と同じ位の250Hz～500Hzの抑揚のある話し方をすると乳児はお話によく集中します（呉，2009）。しかし，昔話のようなストーリー性のある絵本は，あまり抑揚をつけず淡々と読んだほうがいい話もあるので，話の内容に合った読み聞かせ方をするようにします。絵だけの絵本の場合は，年齢に合わせて言葉を足します。擬音語や擬態語，動物の鳴き声などはマザリーズの特徴を活かして読みましょう。

③子どもの反応を見ながら読む

　絵本を読んでもらいながら，思わず声を出したり，絵本に触れたりした時は子どもの興味や好奇心を満たしてあげられるよう，子どもの反応を見ながらゆったりとした気分で読みましょう。子どもは絵本の中に何かを発見したり，興味を持ったりするとそのことを伝えようとします。また，自分でページをめくりたくて手を出すこともあります。特に0歳児の絵本選びでは子どもがページをめくりやすいように，紙に厚みのある絵本を選んでおく配慮も必要です。

④始まりと終わりが大切

　絵本を読む時は，表紙を見せ表題を読みながら，「はじまり，はじまりー」などの言葉かけをします。その時はどんなお話が始まるか期待を持たせるような読み方をします。話し終えたら絵本を閉じて，「お・し・ま・い」というような言葉かけをしてあげましょう。

(5) 子どもを膝に抱いて読み聞かせをする時

大好きな人の膝に抱かれて絵本を読んでもらう時は、子どもの心がとても安定する至福の時といえます（写真5-10）。そういう時間を大切にすることで愛着関係も深まります。

子どもはそのような経験を重ねることで、絵本が好きになっていきます。そして、時々子どもの反応を見ながら、顔を見合わせ子どもと一体となって絵本の世界を楽しみます。子どもは大好きな絵本は何度でも「読んで」とせがみます。

写真5-10　膝に抱かれ安心して見る

第4節　成長していく遊び――マザリーズの役割

1. まねる遊び

人間が成長していく際に基本となるのが「まねる」ことです。乳児では、8か月頃から大人の動作を模倣する姿がみられます。「バイバイー」「またねー」と手を振ると、乳児も同じようにします（写真5-11）。乳児はまねる遊びが大好きなのです。そこにマザリーズを取り入れ声がけすると、笑顔で応えてくれます。また、乳児は大人が書いている姿を見て書くまねもします（写真5-12）。

写真5-11　大人をまねてバイバイする

写真5-12　何やらぶつぶつ言いながら書く

その時は「なんて書いてるのかなー?」と聞いてみると「おやちゅ(おやつ)あ(買)います」という,はっきりとした返事が返ってきたりします。そして,実際に書いているのは小さな楕円形ではあっても,「上手だね,はい,わかりました」などと肯定的に返答すると,子どもはとても喜びます。「まねる」ことは,手洗い,うがい,挨拶などの基本的生活習慣の習得の際にも重要な役割を果たします。

2. ごっこ遊び

まねる遊びが頻繁に行われていくと「ごっこ遊び」へと展開していきます。ママになったつもりで,たどたどしい会話がみられたりします。「どうも」とお礼を言ってコップに入っている水を「ふーふー」とお茶を飲んでいるかのように飲んでお互いに「おいしいね,おいしいね」とにこにこしながら遊んだりします(写真5-13)。このような「ごっこ遊び」を通して,人と関わることや気持ちをやりとりすることに楽しさを感じながら,思いやりを持てたり行動ができるようになるなど,社会性も身についてくるのです。

写真5-13 抱っこしている赤ちゃん(人形)にテレビを見せる

また,こうした場面においてマザリーズで対応することにより,子どもたちは自分の発した言動が受け止められているという実感を抱くことができます。そしてさらに新しいまね表現へ挑戦していくのです。「ごっこ遊び」では,自分で創り出す能力も芽生えてきます。例えば,家の中にあるハンカチを使って,母親がバナナに見立て,「バナナだよ,おいしいよー」と食べるまねをして「むにゃ,むにゃ,お・い・しいー」と抑揚をつけながら言い,そして「食べてみる?」と聞くと「うん」と言い「おいしい?」と聞くと,「おいしいー」と笑顔になって食べるまねをして遊びます(写真5-14)。そして,ハンカチでの作り方も繰り返しいっしょにやっていくと,やがて覚えていきます。自然の素材を使えば更に豊かな創造が生まれるでしょう。

上記のように，小さな時からこのような遊びを楽しんでいくと，遊びの内容も「まねる」から「ごっこ遊び」「創造遊び」へと発展します。こうした場面でのマザリーズの語りかけは，子どもたちに受容されている実感と安心感を与え，想像力を膨らませていく手助けになると考えられます。

写真 5-14　ハンカチのバナナをおいしそうに食べるまねをする

第6章 マザリーズ教室におけるプログラム内容

第1節　赤ちゃん塾からマザリーズ教室へ

1. 赤ちゃん塾

　ここ数年，保育実習巡回指導の折に，現場の指導保育者から「年々，実習生が保護者との会話が苦手になっていくようである」「乳児にどう働きかけてよいかわからない実習生が増えてきた」「新任の保育者の話し方に柔らかさがない」といった言葉を聞くことが多くなりました。そこで2011年，保育士養成校として取り組むべき課題として，乳児親子との対話の力をつける学習プログラムを考案することとなりました。地域の0歳児親子との交流を通して，学生に乳児との関わり方や，保護者との会話に慣れてもらう機会をつくるということになったのです。赤ちゃんを囲んで母親と学生がともに学んでいくという意味を込めて，「赤ちゃん塾」（児玉，2012）と名付けました。

　しかし，単に言葉が増えれば対話が成立する，あるいは信頼関係が構築できるという簡単な問題ではありません。言葉の内容以前に，声の表情（速度・抑揚・柔らかさ）や顔の表情が相手に与える印象が大きく，場合によっては同じ内容でも受け止め方，特に共感する度合いが変化することがあります。

　そこで赤ちゃん塾第一期については，マザリーズをテーマとすることにしました。マザリーズが醸し出す柔らかな雰囲気を創ることで，話しやすい環境ができるのではないかと考えたのです。柔らかな音環境が母親と学生に安心感を与え，対話を促進していき，相互に共感していくことに繋がっていくことを期待したのです。そして，マザリーズの持つ歌いかけるような声と音の『柔らか

さのある環境』をプログラムにどう取り入れていくかを検討し，4回のプログラムのキーワードを「柔らかなマザリーズ環境」としました。

2. 赤ちゃん塾プログラム内容

学生と親子との組み合わせについては，親子1組に対し，学生2名を担当としました。時間帯は乳児の生活リズムを考慮し，午前中の11〜12時の時間帯としました。以下，タイムテーブルとプログラム内容です（表6-1）。

表6-1 赤ちゃん塾プログラム内容 （2011年4月〜7月）

時間	アクティヴィティ	具体的内容
10：40	準備 乳児親子お迎え	エプロン等準備　リズム室簡単清掃 荷物やベビーカーを持つ等，母親援助・親子への言葉がけ
11：00	挨拶	近況報告・育児相談聞き取り
11：05	抱っこの儀式 ぽよよんタイム※	初めての抱っこ マザリーズ効果の大きいわらべ歌で，母親と学生が交互にベビーストレッチ
11：20	メイン活動	①4/22〈音楽遊び〉赤ちゃんと楽しむ優しい音〜トーンチャイム ②5/20〈マザリーズ絵本〉赤ちゃんと楽しむ絵本と言葉 ③6/17〈音楽会〉赤ちゃんと楽しむピアノとチェロの音楽のひととき ④7/15〈造形遊び〉赤ちゃんと楽しむ造形遊び
11：40	ママのストレッチタイム	乳児を学生に任せ，母親は音楽に合わせてストレッチ 産後ケアストレッチを中心にした内容 乳児は学生が抱いて援助
11：55	アンケート記入	
12：00	挨拶・乳児親子見送り	次回再会の確認を言葉で表現 玄関，駐車場まで援助

※ぽよよんタイムは乳児ストレッチのイメージで考えたオリジナル名称。第10章を参照してください。

①音楽遊び

母親はトーンチャイムでメロディーを，乳児は小さなグロッケンで音を楽しみました。最後は乳児も母親もいっしょに合奏。

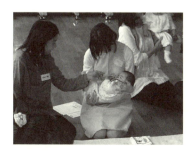

②マザリーズ絵本

　表情や発声などのマザリーズレッスンのあと，マザリーズを使った絵本の見本読み，その後，学生が個々で読み聞かせ。

③音楽会

　マザリーズを意識した柔らかなメロディーを中心に選曲。毎回の母親のストレッチにも優しい雰囲気のピアノの演奏。

④造形遊び

　視覚や感触の刺激のための造形遊び。母親が描いた樹に乳児がちぎった色紙を張り付けていく。学生がいっしょにお手伝い。

　赤ちゃん塾プログラムは，マザリーズに包みこまれる環境を創り，学生と母親のマザリーズスキルの向上，さらには柔らかな対話を構築していくということが目的でしたので，受付，司会担当者等，すべてマザリーズを意識した語りかけをしました。また，音楽的な要素がマザリーズをより増幅

していくはずであるという予測に立ち，入室から退場まで，できるだけ柔らかく心地よいピアノ演奏を流しました。特に絵本の読み聞かせでは，音楽的効果は非常に大きいものがありました（嶋田ら，2014）。音楽をどのように絵本の読み聞かせに取り入れたかについては，第7章の実践に記載してありますので参考にしてください。

その後，地域における1回限定の赤ちゃん塾の依頼が来るようになり，プログラム内容をどう絞っていくかを検討しました。赤ちゃん塾から，マザリーズに焦点を絞ったマザリーズ教室への転換が進められることとなったのです。

第2節　マザリーズレッスンが「絵本読み」の声を変える

2011年度に愛知文教女子短期大学で行った半年間の赤ちゃん塾プログラムを通して，学生の絵本読みがどう変化したか音声を分析しました。このプログラムは保育士養成コースの授業として，保育実習などに参加した経験のない1年生（18〜19歳）の女子学生43名を対象に行われました。

複数の講師が関わる体制で半期15回の授業を行い，そのうち4回について乳児親子に来校してもらい「赤ちゃん塾」を実施しました。授業の構成上，参加した学生をAクラス（21名）とBクラス（22名）に分け，4回の「赤ちゃん塾」のうちAクラスは第2回「マザリーズ絵本」と第4回「造形遊び」へ，Bクラスは第1回「音楽遊び」と第3回「音楽会」へ参加しました（表6-2）。結果的にAクラスはマザリーズ絵本を赤ちゃんといっしょに体験しているグループ，Bクラスはマザリーズ絵本を赤ちゃんといっしょに体験していないグループとなりました。便宜上Aクラスを絵本読みグループ，Bクラスを音楽グループとします。

表6-2　「赤ちゃん塾」の内容と参加クラス

「赤ちゃん塾」の内容	参加クラス
第1回「音楽遊び」	Bクラス
第2回「マザリーズ絵本」	Aクラス
第3回「音楽会」	Bクラス
第4回「造形遊び」	Aクラス

1．録音と分析方法

絵本読みの題材としたのは絵本『ノンタンこちょこちょこちょ』（キヨノサ

第 2 部　保育者養成とマザリーズ指導

> すー　すー　すー。
> ノンタン　のはらで　おひるね，
> すー　すー。
> かぜにゆられて……，
> こちょ　こちょ　こちょ。

図 6-1　音声分析に使用したテキスト（『ノンタンこちょこちょこちょ』より）

チコ，1992）です。録音には最初の 4 ページを用い，分析対象としたのは最初の 2 ページです（図 6-1）。このテキストの音読を録音し，その音声を分析しました。

録音は「赤ちゃん塾」が始まる前，塾の最中，終わった後の 3 回のタイミングで録音をしました。A クラスの絵本読みグループだけは，乳児を目の前にした状態での録音も行いました。録音に協力してくれたのは A クラス 6 名，B クラス 4 名の計 10 名の学生です。2 ページを読むのにかかった全体の長さ（分析 1），声の高さの変化（分析 2），行と行の間の時間と読む速さ（分析 3）について音声分析を行いました。分析には WaveSurfer1.8.5 というソフトウェアを使用しました。

(1) 分析 1：速さ（全体の長さ）

　最初の 2 ページ，5 行のテキストを読むのにかかった全体の長さを秒単位で測りました。最初の言葉の子音の開始から，3 ページ目の最初の言葉の子音の開始までをその長さとしました。結果は，図 6-2 に示しました。

　A クラス（絵本読みグループ）は「赤ちゃん塾」に参加する前には最初の 2 ページを平均 8.84 秒かけて読んでいましたが，「赤ちゃん塾」に参加した後には平均 10.75 秒とゆっくりとしたペースになりました。B クラス（音楽グループ）も「赤ちゃん塾」に参加する前は平均 8.86 秒で読んでいましたが，「赤ちゃん塾」に参加した後には平均 11.64 秒と長い時間をかけて読むようになっています。ほとんどの学生が最初の録音に比べ，「赤ちゃん塾」に参加した後で行われた絵本読みはゆったりとしたテンポになっていることがわかりました。この結果は，学生たちは乳児が目の前にいない状態でも，乳児の好む，ゆったりとしたテンポでの絵本読みをすることができるように変化したことを示しています（図 6-2）。

第 6 章　マザリーズ教室におけるプログラム内容

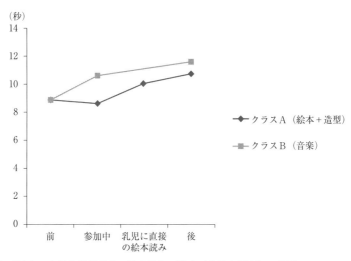

図 6-2　「赤ちゃん塾」参加前後の絵本読みの速さ（全体の長さ）の結果

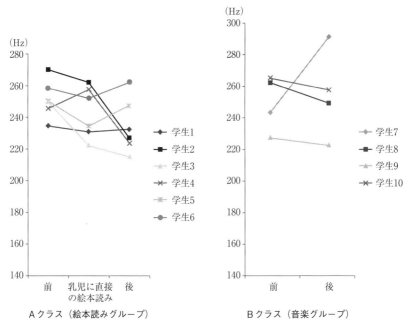

注）縦軸の単位は Hz。220Hz は低いラ（A3），246Hz は低いシ（B3），261Hz は真ん中のド（C4）に相当。

図 6-3　「赤ちゃん塾」参加前後の絵本読みの声の高さの結果

(2) 分析2：声の高さ

声の高さについては，2ページ5行を読んでいる間の平均的な声の高さについて分析を行いました。

分析2の声の高さの結果から，「赤ちゃん塾」に参加した後のほうが低めの音程で読む学生が10名中8名となりました。「赤ちゃん塾」に参加した後，声は少し低く落ち着いた声になったようです（図6-3）。

(3) 分析3：「間」の長さと読む速さ

分析3-1 絵本読みでの「間」の長さを計測するため，5行のテキスト中の最初の4つの句読点の長さについて分析しました。各行の最後のモーラ★1の音が消えてから次の行の最初のモーラの子音の開始までの長さの秒数を測りました（表6-3）。

分析3-1の結果，両クラスとも「赤ちゃん塾」に参加した後では間を長めにとるようになりました。Bクラス（音楽グループ）のほうがその変化はより大きかったです。

分析3-2 読む速さ（発話速度）を調べるため，1モーラごとの長さ（秒）を調べました。子音の開始点から母音の終わりまでを1モーラの長さとしました。また「すー　すー　すー」や「こちょ　こちょ　こちょ」などの擬音語・擬態語の部分と，その他の地の文とに分けて分析を行いました。

その結果が図6-4です。

分析3-2の読む速さ（発話速度）の結果から，「赤ちゃん塾」に参加した後に数値が大きくなっていることから，一文字を発声する時間が長く

表6-3 「赤ちゃん塾」参加前後の絵本読みの間の長さ（秒）

	前	乳児に直接の絵本読み	後
Aクラス	0.57	0.66	0.7
Bクラス	0.57	なし	0.75

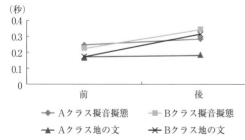

図6-4 「赤ちゃん塾」参加前後の絵本読みの読む速さ
（発話速度，各モーラの秒数）

なっていることがわかります。つまり，擬音語・擬態語，地の文ともにゆっくりと話すようになりました。クラス別にみてみると，Aクラス（絵本読みグループ）は擬音語・擬態語と地の文とのコントラストが大きくなったのに対し，Bクラス（音楽グループ）は全体的にゆっくりとした速さに変化していました。

2．考察

　これらの分析結果を総合して，「赤ちゃん塾」プログラムはA，B両クラスにおいて効果的であったこと，特に絵本読みがゆっくりとした速度になり，声の高さも落ち着いた高さになることが確認されました。両クラスが参加できたメインの活動内容は異なっていましたが，どちらのクラスの絵本読みにも同じ傾向の変化がみられました。

　しかし，Aクラス（絵本読みグループ）とBクラス（音楽グループ）を詳しく比べてみたところ，多少の差がみられました。話す速さの擬態語・擬音語と地の文との違いがAクラスのほうが大きくなったことから，絵本読みを実際に乳児とともに体験したAクラス（絵本読みグループ）の方が声の表現がより豊かになったといえます。つまり，「赤ちゃん塾」の4つのメイン活動の中では「マザリーズ絵本」への参加が，より豊かな声の表現での絵本読み技術の獲得に効果的であるという結果になりました。

　この結果を踏まえ，2011年度後期に行われた第2回目のマザリーズプログラムからはすべての学生が4回の「赤ちゃん塾」へ参加できるようにしました。また2012年度以降，地域におけるマザリーズプログラムの実践が「マザリーズ教室」として歩み始めました。

　「マザリーズ絵本」へ参加した学生が，より豊かな声の表現での絵本読み技術を習得できていたという結果も踏まえ，現在，マザリーズ教室のプログラム内容は，マザリーズレッスンと乳児への絵本の読み聞かせが組み込まれたものになっています。

　今後はマザリーズ教室実践における科学的な研究成果が，新たなプログラムを創り出す推進力となっていくと考えられます。

■注
★1　モーラとは音韻論上の音の文節の単位で，日本語では日本語話者が言葉の音を数える時に無意識に感じる単位です。おおよそ1文字が1モーラにあたりますが，「ちょ」「りゃ」「ぴゃ」のように2文字で表されるモーラも存在します。また，他言語では音の単位として独立しにくい撥音「ん」，促音「っ」，長音「ー」も日本語では1モーラとして数えられます。

第 7 章

保育者養成におけるマザリーズ

第1節　最近の学生の傾向

1．乳児と関わる時の不安

　将来，保育士になることを目指して保育士養成校に入学してくる学生は，期待と不安でいっぱいの状態でいます。入学後は，専門的知識を学んでいき，少しずつ夢に向かっていると実感し，不安よりも期待のほうが大きく膨らみ，生き生きと学生生活を送ることを私たち教員は期待しています。しかし，実際には全員が期待通りになることはなく，残念ながらやる気がなくなってしまう学生がみられます。何名かの学生から話を聞いてみると，「子どもはかわいいし，保育士になりたいと思うもけれど，自信がない」という答えが戻ってきました。その理由としては「乳児との関わりに自信がない」「実習中に注意されることが多く，自信が持てず次に向かって積極的になれない」ということでした。この傾向は筆者が勤務する保育士養成校に限ったことではなく，全国的にも乳児に対する関わりに不安を感じる学生が増えているようです（例えば，中川・松村，2010）。不安を感じる学生にとって，具体的に何がその原因になっているのでしょうか。原因調査のために，保育士を目指す学生を対象にアンケート（自由記述）を実施した結果が図7-1です（平成25年4月，東北女子短期大学保育科2年生93名，1年生95名が対象）。

　学年別に見ると，1年生と2年生ともに「①泣いてしまった時の対応」が最も多い結果になりました。具体的には，1年生の場合は，「泣かせたらどうしよう」「泣き止まない時，どうしていいかわからない」など，泣かれること自

第2部　保育者養成とマザリーズ指導

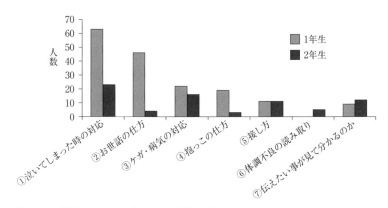

図7-1　乳児とふれあう時に不安に思うこと（複数回答）

体を不安に思っている学生が多いことがわかりました。一方，2年生では「乳児の気持ちを汲み取れずに泣き止ませることができなかった時」や「何で泣いているのかすぐ判断できるか」というような，泣いている子の気持ちの理解ができないことを不安に思っている回答が多くみられました。この違いはおそらく，2年生は1年生のときに約10日間の実習を経験し，乳児とよりよい関わりがしたい気持ちや，タイミングのよい接し方ができるようになりたいという積極的な気持ちが大きく膨らんだことを表すと思います。

また，1年生で2番目に多かった「②お世話の仕方」については，1年生の4月の段階ではまだ，ほとんど学んでいないため当然の結果といえるでしょう。注目したい点は，「⑤接し方」です。具体的には「赤ちゃんとのコミュニケーションの取り方がわからない」「赤ちゃんに上手に話しかけられるか心配」「赤ちゃんにどんな言葉がけをしたらいいのか。どう話しかければいいのかわからない」など，1年生と2年生の両方にみられました。この「⑤接し方」に不安がある背景には，乳児と関わる機会が非常に少ないという家庭環境や地域環境が関係していると考えられます。さらには，乳児に限らず，学生にとってさまざまな人たちとコミュニケーションをする場が少ないこともあります。

実習中，わからないことや聞きたいことがたくさんあるのに，聞くことができずに先生の指示を待っていたり，勝手に自己判断をして行動し，注意を受けたりするという悪循環に陥っている状況も多いように思われます。現在の学生

の一日を追ってみても，朝から夕方まで講義を受け，ピアノ練習をしたり，アルバイトでマニュアル通りのセリフをひたすら繰り返したりして一日が終わる学生が少なくありません。学生同士，夢を語り合ったり違う考えに出合ったりする時間が実際には非常に少ないと思います。また，コミュニケーション能力を高めていくためには，直接対面での対話をさまざまな人としていくことが非常に重要です。実際に顔を見て，本当の気持ちのうちを語り合う真剣さやそこから生まれる信頼関係は，例えば「LINE」などのSNS上の関係性とは比較にならない強固なものです。学生たちの人間関係は思った以上に狭い傾向にあり，友人以外と話す機会はほとんどないように感じられます。

　オーストラリアの保育学生向けの保育実践の教科書（Faragher & Mac-Naughton, 1990）には，「幼児期の保育においてもっとも重要な要素は人である。……（とくに）保育者が子ども，両親，職員との間に良好な人間関係を確立することは，保育園での保育実践にとっての中心問題」であり「良好な人間関係を発展させる力量の程度によって，その保育者がもつそれ以外の力量，例えば，子どもを観察したり，保育計画を立てたり，環境を組織したりする力量の真価は大きく左右されてしまう」（大宮，2006）とあります。このように，良好な人間関係づくりは良質な保育実践の大前提であり，保育士養成校においても真剣に対応していかなければなりません。

　アンケート調査の結果からも，学生が乳児と関わる時の不安は，主に乳児と接する機会自体がないことから生じていることがわかります。今後はさまざまな年代や考え方の人たちも含めて，乳児と交流できる場をもっとつくっていくことが養成校に求められているといえるでしょう。

2．乳児への関わり方の実際

　第1節では，学生が乳児と関わる時に，具体的にどのような不安を持っているのかという学生の内面的なことを中心に述べてきました。次に，その不安が実際の行動にどう繋がっているのかを論じていきたいと思います。筆者は，東北女子短期大学の共同研究として，学生の乳児に対するあやし行動がベテラン保育士とどのように違うかを調べました。ここでは，その結果の一部を紹介します。

平成 26 年 6〜7 月，青森県弘前市内の保育園で，学生を対象とした乳児とのふれあい体験の場を 3 日間（いずれの日も 10：30〜12：00）設けました。参加者は本格的な保育実習を目前に控えた東北女子短期大学保育科 2 年の希望者 32 名でした。

　当日，乳児クラスに約 10 名の学生が入りました。学生は保育室にそっと近づいていき，乳児の姿が見えると「うわ〜！　カワイイ!!」と思わず歓声をあげていました。乳児の中には，騒がしい歓声とともに入室してきた見知らぬ大人の集団が近づいてきたことで，大泣きしだした子もいました。そのような出会いとなってしまったこともあり，まずは泣き止ませるところから学生の関わりがスタートしました。

　今回参加した学生には，日頃の授業に積極的な学生ばかりではなく，保育職につくことそのものも自分には適していないのではないかと考えたことがある学生も含まれていました。初めから意欲が高い状態で乳児と関わりにいった学生は，人見知りのために泣かれても「人見知りしますよね。こんなに大勢だし」などと言いながら，笑顔で乳児に向かっていたのに対して，不安がある学生は泣かれたとたんすぐに消極的になってしまったようにみえました。しかし，しばらくあやしたり揺らしたりと自分なりに奮闘しながら徐々に，自分が何とかしなくてはいけないと思い始めたようで，保育士のあやし方をじっと観察していました。そして，保育士がしたようにまねて関わり始めたところ，乳児の泣き方が穏やかになっていきました。学生の表情も柔らかくなっていきました。学生自身が困った状況が生じてから，「何とかしなくてはいけない」という責任感がうまれ，その瞬間に学びたいスイッチが入り，見本となる保育士の関わりを見て吸収したのだと考えられます。重要なことは，困った状況を自ら体験することにあるのです。今回は 1 年次の実習経験がある 2 年生が乳児と関わるということで，関わりがスムーズだったという点もあります。

　また，乳児との接触経験の有無が，あやし行動，あやし言葉とどう関係するかを調べた結果，乳児との接触経験があるほうがあやし行動・発話レパートリー数も多く，乳児のぐずりも少ないということがわかっています（中川・松村, 2010）。こうしたことから，学生自体が実習以外で乳児と関わる機会を持つことの意味は大きいと考えられます。見本となる保育士と自身の違いを目の当た

りにした時，吸収して自分もそうなりたいという憧れの気持ちを持つことが，学習の動機になります。このように実習で憧れる先生と出会うことも，実習への意欲やその後の学ぶ意欲に影響するといえるのではないでしょうか。

　今回のふれあい体験では，保育士と学生のあやし行動や言葉がけに客観的にどのような違いがあるかも調べました。学生にはボイスレコーダーを胸元につけてもらい，言葉がけの内容を2分間録音し，その様子を引率教員がビデオカメラで録画しました。あやし行動の種類には，24種類ほどあることが示されています（中川・松村，2004）。今回の比較でも，これらのあやし行動を参考にして，学生と保育士でそれぞれどのようなあやし行動がどの程度みられるかを調べました（表7-1）。

　保育士には，多い順に，①言葉がけ（100％），⑪近くにいる子どもや大人に話しかける（92％），⑤乳児が見ている所を見る（66％），⑦縦抱き（66％）が多くみられました。一方，学生には，①言葉がけ（100％），②乳児を脚の上に座らせる（81％），③顔を近づけて遊ぶ（67％），④床に座ってあやす（67％）が多くみられました。

　この結果から，学生は目の前の乳児一人にだけ関わることに必死ですが，保育士は近くにいる乳児にも目を配り，全体を見ながら関わっていることがわかります。さらに乳児が何を見ているのかいっしょに見たり，乳児が周りをよく見渡せるように縦抱きにしたりしていることも特徴的です。次に，あやし行動の中で出現率が最も多かった「①言葉がけ」について，保育士と学生ではどのような違いがみられるかについてまとめました（表7-2）。

　保育士には，③問いかける（91％），⑤周りの状況を伝える（82％），⑦誘いかける（呼ぶ）（73％），⑧子どもの実況中継（73％），⑫子どもの代弁をする（64％），⑪動作を認める（55％），⑭遊びに誘う（45％）が多くみられました。一方，学生には，①感嘆詞（89％），②動作にかけ声（89％），③問いかける（85％），④感情を伝える（78％）が多くみられました。この結果から，ほとんどの学生は，感嘆詞のような短い言葉がけしかしていませんが，保育士は，その子の周りの状況をその子に伝えたり，周りにいる学生や乳児にも，その子のことを伝えたり，遊びを誘いかける言葉がけを多く使ったりしていました。また，スキンシップを言葉に表したり（抱っこ気持ちいいね〜等），乳児の動作に声をか

表7-1　乳児とのふれあい体験におけるあやし行動の種類別出現率(%)

あやし行動の種類	学生 (32名)	保育士 (11名)
①言葉がけ	100	100
②乳児を脚の上に座らせる	81	66
③顔を近づけて遊ぶ	67	16
④床に座ってあやす	67	58
⑤乳児が見ている所を見る	52	66
⑥頭・体をなでる	44	66
⑦縦抱き	41	66
⑧近くの様子を見て伝える	41	58
⑨機嫌が悪くなった時に姿勢を変える	4	42
⑩乳児の体を縦に揺らす	37	42
⑪近くにいる子どもや大人にも話しかける	37	92
⑫乳児の体をかるくたたく	37	66
⑬乳児の体を横に揺らす	33	33
⑭横抱き	29	0
⑮乳児の顔を触る	26	33
⑯立ってあやす	26	58
⑰手を握る	26	33
⑱身体をくすぐる	15	16
⑲ばあ〜（表情を誇張）	11	8
⑳タカイタカイをする	7	8
㉑お外を見せる	7	0
㉒窓の絵に触らせる	3	0

注）表7-1のなかにある出現率とは，1回以上そのあやし行動がみられた人数の割合であり，同一人物に複数回みられた場合も1回とみなしています。

けて弾みをつけていたり多様な言葉がけをしていました。

　褒めたり認めたりする言葉がけ（⑪動作を認める，⑲子どもを褒める）は学生にもみられましたが，保育士の方により多くみられました。また，言葉がけの量にも明らかな違いがみられました。2分間の中で，一つの言葉がけごとに

第7章 保育者養成におけるマザリーズ

表 7-2　言葉がけの種類別出現率（％）

言葉がけの種類	学生	保育士	具体的な言葉がけ例（学生）	具体的な言葉がけ例（保育士）
①感嘆詞	89	18	わあ～！！	イェ～イ！
②動作にかけ声	89	82	おっ，おっ	よいしょ！そうそうソ～レ！！
③問いかける	85	91	わ，何だこれ？	あっ，何かなあ～？
④感情を伝える	78	36	かわいい・どうすればいいの	ありがとう・嬉しいな
⑤周りの状況を伝える	67	82	もうお昼だね	音鳴ってるよ・○○先生いるよ
⑥笑う	63	64	うふふ・ふふふ	あはは・わっははは
⑦誘いかける（呼ぶ）	59	73	○○ちゃん～	おいで，おいで～
⑧子どもの実況中継	52	73	ニコニコしてる～	見てる，見てる
⑨話しかける（語りかけ）	48	73	元気だね	え～んえん，しないんだよ～
⑩挨拶をする	44	36	おはよう○○くん	こんにちは，はい，こんにちは
⑪動作を認める	41	55	いいよ～，進んでる	イェ～イ！できたね!!
⑫子どもの代弁をする	41	64	あついあつい	ビックリしちゃうね
⑬周りに話しかける	41	36	この赤ちゃんめっちゃカワイイ	お姉さんたちもお願い
⑭遊びに誘う	37	45	にらめっこ	特急電車！特急電車きた
⑮スキンシップの声がけ	33	27	ツンツン（ほっぺをさわる）	腕のびのび～（腕をさする）
⑯したい事をきく	22	0	遊ぶんですか？・起きる？	
⑰注意を促す	19	9	名札は食べてもおいしくありません	あ，危ないよ，危なかった
⑱歌う	15	36	あ，あチャチャチャ　♪	おもちゃのチャチャチャ♪
⑲子どもを褒める	11	45	上手だね	すごい，すごい，すごいよ～
⑳次を促す	7	36	降りてください	お片づけしましょうか

注）「出現率」は人数の割合です。

区切って聞き取りをして文章化していったところ，学生の平均は18.6文で，保育士の平均は28.2文でした。最も言葉がけが少ない学生は「わ～」「かわいい～」「どうしよう」「なにすればいいの」「あははは，かわいい」の5個しかみられませんでした。一方，最も多い保育士の場合は，泣いていることも関係していますが「どうしたの？」「泣きたいの？」「ママがいいの？」「あ～よしよし」「○○ちゃん，○○ちゃん」「は～い好きよ」「お鼻，たいへんなことになってるね。」「お鼻ち～んしようか」など41個もの言葉がけをしていました。

また，言葉がけの「声」に注目してみると，保育士の言葉がけは声のトーンも高く，抑揚がついてゆったりとした話しかけをしており，マザリーズが自然にみられました。さらには，乳児の顔に顔を近づけて目をみたり，頬に触れたり抱きしめたりのスキンシップや，何度も乳児を見て反応を確かめながら丁寧に関わっていました。一方，学生は，この日がはじめての出会いのため，人見知り時期の子には泣かれ，泣いていない子にも泣き声につられて泣かれてしまうという厳しい状況でした。1時間半程度のふれあいの中では信頼関係を築き，甘えてもらえる段階までいくことが難しく，保育士とは対照的に，学生の声のトーンは低く，早口で，友人と話す時と変化のない話し方の学生もいました。

学生は，乳児と関わったのち，「①赤ちゃんとふれあっての感想は？」「②赤ちゃんと仲良くなれたか？」「③赤ちゃんと仲良くなるためにどのようにしたらいいのかわかったことは？」「④先生方の関わりや環境づくりから学んだこと・気づいたことは？」のアンケート項目に回答しました。

「③赤ちゃんと仲良くなるためにどのようにしたらいいのかわかったことは？」としては「仲良くなるために，しつこいくらい声をかけたら子どもからこっちにきてくれた」「先生方は，ポンポン違う単語や言葉がけが出てきてボキャブラリーが豊富であった」「子どもは何かしゃべっている人や話しかけてくれる人の近くに行きたがるとわかった。先生方は大きな声で絶え間なく子ども達に話しかけていた」「とにかく笑顔！　目線を同じにして目を見ながらたくさん話しかけることを先生はしていた。赤ちゃんの気持ちを代弁しながら話していた」「子どもがわかりやすい言葉で明るく話していた」「動作も大きく，抑揚のある声で子どもをひきつけていた」「先生方は赤ちゃんの体をマッサー

ジしたり触れたりしながら声をかけてコミュニケーションをとっていた」などの言葉がけに関する記述が多くみられました。また，「④先生方の関わりや環境づくりから学んだこと・気づいたことは？」の回答として「声だけかけていても，赤ちゃんは反応してくれませんでした。顔の表情を変えたり（いないいないばあー），抱っこの仕方を変えて目と目を合わせて声がけをしたりするといいのだなということが（先生方の様子を見て）わかりました」と書いた学生もいました。実際に保育士の関わりを見て「マザリーズを感じた」と書いた学生もおり，学びと実践が繋がって納得した様子でした。

　以上のことからも，乳児と実際に関わり，関わり方に困ったり，模索したりする機会をつくっていくことが，不安を軽減し，積極性を高めることに繋がるのではないかと思います。

第2節　保育士養成校における取り組みと今後の課題

　東北女子短期大学，愛知文教女子短期大学，中部大学，名古屋女子大学，愛知教育大学では，学生が乳児と実際に関わる機会として，マザリーズの会の教員が中心となり，学生参加のマザリーズ教室を実施しました。保育士養成校主催および地域子育て支援センター主催等の場合がありますが，養成校学生が参加したマザリーズ教室として一括して紹介します（表7-3）。

　養成校のマザリーズ教室のプログラム内容も，現在における基本内容を紹介します。時間に余裕がある場合は，トーンチャイムの音遊びをはじまりか終わりの時間帯に持ってくることもあります。東北女子短期大学の実践においては最後にトーンチャイムの音遊びをしました（表7-4）。

1. 東北女子短期大学の参加学生の感想と教員の気づき

　主な感想として「赤ちゃんはこわれもののイメージがあったけど，もろくなかった」「（普段聞くことがない）親の話が聞けたことがよかった」「早く実習に行きたい」であった。また，担当児がかわいかったと話し，自分が担当した子どもは多く関わりを持ったぶん，特別な思い入れができたのではないかと考えられます。

第2部 保育者養成とマザリーズ指導

表7-3 養成校学生参加のマザリーズ教室実践

日時	参加学生の所属大学	場所	参加者
平成24年 8月28日	愛知文教女子短期大学 中部大学 愛知教育大学	愛知県名古屋市子育て支援センター758 キッズステーション	0歳児親子12組,母親12名 学生12名（1年生4名,2年生6名,3年生2名,内男子学生1名）
平成25年 8月4日	東北女子短期大学	青森県弘前市 柴田幼稚園ホール	0歳児親子15組,母親16名,父親3名（夫婦参加3組） 学生24名（1年生11名,2年生13名）
平成25年 8月20日	名古屋女子大学 中部大学	愛知県岩倉市子育て支援センター	0歳児親子12組,母親12名 学生12名（2年生2名,3年生10名）
平成25年 12月21日	名古屋女子大学 中部大学	愛知県名古屋市子育て支援センター758 キッズステーション	0歳児親子12組,母親12名 学生13名（3年生8名,2年生4名,1年生1名,内男子学生4名）
平成26年 10月25日	名古屋女子大学短期大学部	愛知県名古屋市瑞穂児童館	0歳児親子17組,母親17名,父親3名 学生20名（1年生20名）

　学生たちは，乳児や保護者と出会った時は非常に緊張した表情でした。「抱っこの儀式」の時にはこわばった表情でおそるおそる抱っこし，抱っこされている乳児も体に力が入り，固い表情をしていました。ママのストレッチの時には，母親から離れて大泣きし，不安そうにする乳児を前に，その時間は一人で責任を持つことに自覚が芽生えたのか，話しかけたりあやしたりしていました。そうして泣き止ませ笑顔を引き出すことができました。その後，母親のもとに乳児を返すときも，その間の過ごし方や様子を自分から話していました。教室終了後，車まで荷物を運びながらも話し，親子をいつまでも手を振って見送っていました。学生は，乳児を出迎えて見送りまでの実際の保育士の動きを疑似体験でき，改めて保育士になりたいと話す学生も多くいました。

　学生が自分一人で乳児に向き合うという経験や，乳児の笑顔を引き出せたことが大きな自信につながったと考えられます。また，母親と離れている時の様子を伝えている話し方や表情にも自信があふれていました。

　たった1時間半の短い時間でも，保育士を目指す者としての成長が言葉や表

表 7-4　学生参加のマザリーズ教室の基本内容

プログラム	学生が経験する内容
赤ちゃんへの語りかけ	マザリーズで話しかけましょう。ちょっと高め・ゆっくりと高い低いをたっぷりとつけて・単語や文の間にちょっとお休みを入れて。語りかけの違いによる赤ちゃんの反応を観察して，赤ちゃんの反応のよさから自身も身につけようとする意欲が高まります。
抱っこの儀式	赤ちゃんと学生が初めましての挨拶をして抱っこします。「どうぞよろしくね」という気持ちを込めて。担当になる自覚と責任が芽生えます。
ぽよよんタイム	赤ちゃんに歌いかけながら赤ちゃん体操をします。「おふねをこいで」や「ちょちちょち　あわわ」やわらべうたで赤ちゃん・お母さん・学生の心もほぐれます。いっしょに歌いかけをすることで，仲良くなるきっかけをつくります。
お顔のほぐほぐ体操	お顔の表情筋肉をほぐします。乳児と接する時の笑顔等豊かな表情ができるようになるレッスンです。表情筋肉をほぐしている時に緊張から表情がかたくなっていることに気づきます。この体操で自然な笑顔になりやすくなります。ほぐしたことで，気持ちの面での緊張感も和らぎます。お母さんと同じ動作をすることで，お互いのおもしろい表情を見て，笑顔になり，コミュニケーションもとりやすくなります。
ママのストレッチケア	ママから赤ちゃんは離れて学生と過ごすため，母親から離れる時に泣きます。そこで母子間の強い絆を感じ，改めて保育士になる使命感を持ちます。赤ちゃんを一人でその時間は責任を持って受け持ちます。大泣きしている赤ちゃんをあやして泣き止ませ，安心してもらうところから始まります。
マザリーズ	いろいろな声の出し方・抑揚のつけ方・表情豊かに等。抵抗がある学生もみんなで行うことで表情が豊かになっていきます。
マザリーズでの絵本読み聞かせ	「ぞうくんのさんぽ」の絵本の読み聞かせを聞きます。ピアノで効果音もつけます。マザリーズでの絵本読み聞かせに赤ちゃんが集中して聞いていることに気づきます。
トーンチャイムで音のバトン	トーンチャイムで一緒に参加したお母さんの顔を見て，音のバトンを繋ぎます。優しい響きに癒されながら乳児との関わりを振り返り，ここまでできたことへの充実感や感動を味わいます。担当した赤ちゃんやお母さん方とのお別れを寂しく思います。よりよい関わりができるようになりたいと思うようになり，その後の学びに意欲がみえるようになります。

情にみられましたが，客観的な質問紙を用いて調べてみても同様の結果となりました（佐々木ら, 2014）。マザリーズ教室開催前後に，保育者効力感尺度（西山, 2005）に回答してもらいました。保育者効力感とは，保育現場において子どもの発達に望ましい変化をもたらすであろう保育行為をとることができる信念です。その結果，マザリーズ教室終了後，学生の保育者効力感は有意に高くなりました（図7-2）。

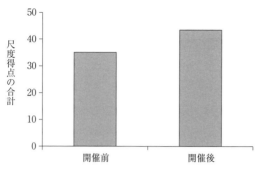

図 7-2　保育者効力感テストをマザリーズ教室参加学生に行った結果（東北女子短期大学）

参加した母親の感想から「うちの子をみてほしいと思いました」「いい学生さんばかりでうれしく思いました」や,「他の人にゆだねてもいいんだと思いました」という感想もありました。人見知りをする子の母親は子どもを外に連れていくことや他の人に任せていくことに日頃戸惑いがあることがわかりました。こうした母親のためにも，マザリーズ教室への参加はこれからの子育て支援の一つと考えられます。

2. 名古屋女子大学・愛知文教女子短期大学・中部大学・愛知教育大学の参加学生の感想と教員の気づき

愛知県内の複数の養成校の学生が参加したマザリーズ教室も実施されてきました。参加した学生の全員が，非常によかったという感想を述べています。

具体的な感想には「自分の声の調子で赤ちゃんの反応に変化があり，まるでお話しているようだということがわかった」「乳児との関わりはスキンシップでよいと思っていたが，声や言葉が大切だということがわかった」「乳児への語りかけがわからなかったが，赤ちゃんの呼吸や声をまねることでいいのだとわかった。自信がついてきた」「マザリーズをもっと豊かに使えるように，赤ちゃんから積極的に学びたいと思った」などがありました。

互いにほとんど面識のなかった学生も，マザリーズレッスンを通して，実際の母親たちのマザリーズに包み込まれ，知らないうちに話しやすい雰囲気が出ていたと思います。帰りには全参加者で記念写真を撮るなど，参加後の学生の自信と積極性も感じられました。乳児たちがいてくれたからこそ，マザリーズを話すことができたということも，学生たちはしっかりと認識したようです。

3. 愛知のマザリーズ教室の様子

以下が，養成校の学生が参加したマザリーズ教室での様子です。

学生皆で協力して会場づくり

保育学科の男子学生もマザリーズに挑戦

乳児をあやす学生と見守る母親

母親とストレッチをする学生たち

4. 養成校のこれからの課題

　現在の全国の養成校においては授業時間数が増加する傾向があり，詰め込み型の学習になってしまうことが危惧されます。これ以上新たに科目を増やすことは不可能であり，既存の科目の内容を再検討し，質的向上を図っていくことが求められています。例えば，「乳児保育」の科目にマザリーズの体験学習と，乳児・母親・保育士と実際に関わる演習が組み込まれると，大きな効果が出ると考えられます。今後，乳児と接触経験をもたない学生がますます増えていくことが予想されるため，養成校でのこうした取り組みが急務であるといえます。

　地域の親子対象にした親子教室は，さまざまな養成校でも取り組まれており，その学習効果の高さは児玉（2012）や中川と松村（2004）などでも紹介されています。養成校の講義として，親子教室や保育所に訪問することを午前中に経

験し，午後にその振り返りや実際の保育士や保護者から聞いた話などを共有し，学びを整理していくような経験をしていくことができれば，保育士としての資質向上が期待できるのではないかと考えられます。さらには，愛知の例のように，同じ地域の養成校の学生がともにマザリーズ教室に参加することで，同じく保育士を目指す学生同士の輪が広がり，保育士の協働意識の芽ばえとなるというメリットもあります。マザリーズを意識することによって，柔らかい雰囲気を創り出し，その中での出会いであることが，コミュニケーションをとりやすくさせているともいえます。

今後は，現場と地域そして保育士養成校の三者の間で開かれた気軽に行き来のできるシステムを構築していくことが必要であると思います。そうしていくことで，子育てに孤独感を感じる保護者と，乳児に関わることに不安を感じる学生の交流が生まれ，互いの悩みや欲求を共有していくことができるかもしれません。

最後に，保育士養成校の課題をまとめたいと思います。

・乳児と親，乳児と保育士などの関わりの実際を観察し，乳児と直接ふれあえる機会をつくりだすこと
・マザリーズをはじめとする具体的な言葉がけの方法や内容の学習教材を提供するなど，学生が自信を持てるようにすること
・親子教室を開催したり，地域の行事やイベントに参加したり保護者支援をできるようにすること

以上のような保育の体験と学びが両輪となった授業プログラムを創り上げていくことが今後必要であると考えます。

〈養成校　マザリーズ教室の様子——東北女子短期大学の実践より〉

出会い「はじめまして，よろしくね」「あ〜い！」

お姉さんをじっと見ています。

抱っこの儀式　まだ慣れていないから赤ちゃんも体に力が入っているみたい。

ぽよよんタイム　おふねをこいで♪
赤ちゃん，柔らかくてかわいい!!

ママがストレッチしている間は学生が担当。
保育士のような表情になってきた学生。

読み聞かせに親子で惹きつけられて。
学生もマザリーズを聞いて学んでいました。

コラム3

乳児との関わりで大切にしたいこと
乳児との関わりを不安に思う学生へのヒント

　0歳，1歳の保育室では，いつの時間帯でも子どもたちの声がします。それは，一人ひとりの生活リズムが違うからです。遊んでいる子，抱っこされている子や泣いたり眠ったりとみな違った表情を見せてくれています。4月の泣き声から慣れてきて笑い声に変わっていく頃には，一人ひとりの個性も現われ，日々の生活の面々が成長に繋がっていることを強く感じます。

　乳児の保育室に入る時にいつも気をつけていることがあります。それは緊張しながらも，いつもより笑顔になっているか自分に問いて静かに戸を開けるようにしています。なぜなら「おはようございます」と入っていくといっせいに子どもたちのあふれる程の好奇心を持った目で見つめられるからです。それは入ってくる人たちの第一印象のよさが子どもたちの気持ちを捉えるのです。好感度100%を持ってもらうためには素敵な笑顔と優しい声で安心感を与えるのです。

　人なつっこい元気な子に挨拶をして，次々と名前を呼んで声がけしていくと自然と子どもたちが周りに集まり遊びがはじまっていきます。子どもたちはとても遊び上手，おもしろいものや楽しいものをよく発見します。遊びの目的や理由は何もなくただ気持ちがいい，楽しいことが大好きだからです。遊びは好奇心の原点です。

　子どもたちに接する時は「遊ばせよう」「遊ばせなくちゃ」と思わず，一緒になって楽しむことが大事です。眠る以外はみんな遊びなので，子どもたちが今遊んでいるもの，夢中になっているものを見つけて声がけし，一緒に遊んでみるといいですね。また，泣いている赤ちゃんはしっかり抱いて声がけしましょう。機嫌が悪く泣き止まないような時にはちょっと外の空気に触れるのもいいですよ。成長が一番著しい0～1歳児。みんなに見守られて行きつ戻りつゆっくりと育ってほしいものです。

第8章 マザリーズ実践紹介

第1節 マザリーズ教室の実践

1. 集団におけるマザリーズ

　マザリーズに関する実践活動は，2012年に養成校学生と地域の乳児親子との交流プログラムという形で始まりました。現場保育士から若い保育士が乳児や保護者への語りかけが苦手であるという声を頻繁に聞くようになったことがきっかけでした。鳥取における「赤ちゃん登校日」(高塚, 2008) の実践を参考にし，乳幼児への言葉がけというテーマに焦点を絞り，マザリーズに特化したプログラムを設定しました。その後，活動内容が新聞等で紹介されると，地域子育て支援センター等からの依頼が来るようになりました。地域の依頼に応えていく中で，マザリーズ教室内容も変化してきました。マザリーズ教室はどうあるべきか，地域子育て支援からの視点から模索しつつ歩んできたといえます。

　マザリーズは本来，母親と乳児の相互作用として成立するものです。しかしながら，相互作用そのものが希薄になっている場合には，意図的に相互作用が発生する状況を設定していく必要があります。また，静かな場で親子だけで向かい合うことで豊かなマザリーズが生まれるのですが，マザリーズを意識化していくためには，複数の親子を対象にするという設定を避けることができない現実があります。でき得る限り，個別親子の相互作用の時間をタイムテーブルに組み込んでいくなど，マザリーズ教室に毎回工夫を重ねていますが，3年間に渡る実践活動は，現在もまだ模索が続いています。

　本章では，地域におけるマザリーズ教室およびマザリーズ研修の実践内容を

紹介します。これまで教室や研修に取り組んでくださった方々，参加してくださった親子のすべての方々とともに創り上げてきた実践といえます。

2. マザリーズ教室実践活動の分類

これまでのマザリーズ実践活動をまとめてみると，まず教室と研修の二つに分けることができます。さらに対象者と主催によっていくつかに区別できます（図8-1）。

教室プログラムは，これまで地域子育て支援センター，ファミリーサポートセンター，地域子育て支援サークル等において実践してきました。マザリーズ教室として活動し始めた頃は，自治体における地域子育て支援センター主催のものが中心でしたが，最近ではファミリーサポートセンターや子育てサークルからの依頼も増えてきました。

子育て支援センターでの実践の場合，条件が許せば保育士養成校の学生の参加を呼びかけ，単独の養成校，あるいは複数の養成校で取り組んできました。マザリーズ教室の前身である「赤ちゃん塾」は，養成校の授業における実践プログラムとして取り組みましたので，学生全員の参加が可能となりました（児玉，2012）。しかしながら，授業実践としての取り組みには教育機関と地域との理解と協力が不可欠となります。まずはボランティア参加の形で実践することで共通理解を構築していくことが必要となります。将来的には，地域子育て支援活動と養成校が連携しながら，マザリーズ教室の実践活動が展開されることが望ましいと考えられます。

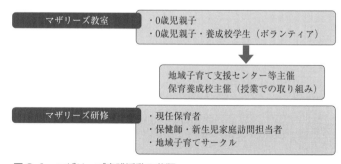

図8-1　マザリーズ実践活動の分類

マザリーズ研修は，地域において乳幼児に関わる保健師や家庭訪問員，地域子育てサークル等の母親や会員を対象としています。乳児に対する語りかけについて専門的に学び，メンバーの共通認識としたいといった声が多くなってきています。このようなマザリーズ研修は，マザリーズの意義と必要性を多くの方々に理解していただく機会となります。また，マザリーズレッスンの方法を習得し，各地域の指導者として，さまざまな地域においてマザリーズレッスンを実施する人材育成にも繋がっていくと考えられます。

第2節　地域親子対象のマザリーズ教室——北名古屋市子育て支援センター

1. 北名古屋市子育て支援センター主催「マザリーズ教室」実施概要

地域における0歳児親子対象のマザリーズ教室例として，北名古屋市子育て支援センターが主催となって開催された実践内容を紹介します。2014年7月と8月の2回連続講座を通して34組の乳児親子が参加しました。写真はすべて北名古屋市子育て支援センターのスタッフによる撮影です。終了後のセンター便りには「マザリーズ特集」として，参加できなかった母親向けに，マザリーズについての説明とレッスンの様子の写真が掲載されていました。今回の実践紹介では，その紙面の写真も含めて紹介します。

(1) 北名古屋市子育て支援講座「マザリーズ教室」実施概要
- 日時　①第1回目 2014年7月31日　Aグループ　9:45〜10:30
　　　　　　　　　　　　　　　　　Bグループ　11:00〜12:00
　　　　②第2回目 2014年8月 時間帯及びグループは第1回目に同じ
- 会場　北名古屋市健康ドーム　運動室
- 参加者　2回参加可能な0歳児親子　各グループ17組
- 参加乳児について（表8-1）

(2) マザリーズ教室プログラム内容
マザリーズ教室の基本プログラムは，現在のところ表8-2のような内容に

表 8-1　参加乳児月齢別人数

月齢	3か月	4	5	6	7	8	9	10	11	計
Aグループ	0	4	0	1	2	1	4	3	2	17
Bグループ	0	1	2	4	2	3	2	3	0	17
計	0	5	2	5	5	4	6	6	2	34

表 8-2　マザリーズ教室の基本プログラム内容 (児玉, 2012)

・抱っこの儀式	赤ちゃんの交換抱っこ。緊張の一瞬。初対面の皆さんの会話も弾みます。
・ぽよよん体操	マザリーズを使って歌いながら，赤ちゃん体操をします。
・マザリーズレッスン	表情を柔らかくして，いろいろな声を出します。
・大型絵本読み聞かせ	講師によるマザリーズを使った絵本の読み聞かせです。
・親子絵本読み聞かせ	マザリーズをたっぷり使って，赤ちゃん絵本をお子さんに読み聞かせします。

なっています（詳細につきましては，第3部のマザリーズレッスンに記載しましたので参照してください）。

　今回の北名古屋市は，母親の変化もみたいというセンターの要望もあり，2回のマザリーズ教室開催となりました。1回目に家庭で取り組む内容を伝え，2回目に臨むということになりました。2回目の教室においては，トーンチャイムを使い，音や声の響きを感じる時間も設定しました。

(3) 各シーンの様子

　北名古屋市で実施された2回のマザリーズ教室の様子を，各シーンごとに紹介します。「抱っこの儀式」というのは，養成校の学生の場合は，「はじめて赤ちゃんを抱かせていただく」という気持ちで，お母さんたちから赤ちゃんのお気に入りの抱っこについて教えていただいてから，抱っこをします。母親同士の場合は，お隣の赤ちゃんを抱き，名前を呼ぶことによって，自分以外の赤ちゃんに注意が向けられます。二人だけの世界が少し広がっていくことになります。また，二人だけの関係を和らげてくれる作用もあると考えられます。

第8章 マザリーズ実践紹介

〈ぽよよんたいむ〉

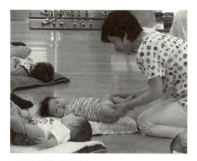

まずは先生がお手本。
わたしがモデルよ！ 上手でしょ。

赤ちゃんの目を見ながら歌いかけます。

まずはみんなで表情ストレッチ。
おでこ〜頬〜口角の順に。

　母親が心にゆとりを持って，子どもに語りかけたり接することで，子どもの表情も豊かになり，母親の内面まで観察しているんだなと実感しました。
　ふれあい遊びや絵本の読み聞かせなど，抑揚をつけて，私自身も楽しみながら行いたいと思いました。
（T・S君のお母さん）

〈お顔のストレッチ〉

ママのほっぺ，ぷくぷくぷくぷにゅ！

第 2 部　保育者養成とマザリーズ指導

わたしのママ，いつもと違うお顔してるの！

顔の表情ってこんなにいろいろできるんですね。

> 赤ちゃんへの語りかけが改めて大切なんだなぁと思いました。忙しいとつい無言で放置しがちですが，声のトーンを変えたりしながらでも，話しかけていこうと思います。
> 　　　　　　　（H・S君のお母さん）

〈ちょっと休憩～お腹にのっけてハミング〉

お母さんの声の響きが伝わります。

ママ，ママ，ママってば！ねんねしちゃったの？

第 8 章　マザリーズ実践紹介

〈絵本の読み聞かせ〉

マザリーズを意識すると 0 歳児さんの集団読み聞かせもできます。

ぼくたち，すごい集中力でしょ。

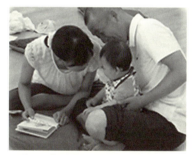

マザリーズを意識して読むと，ぐっと伝わっていくような感じです。絵本を読むのが楽しくなります。

（北名古屋市子育て支援センター，2014）

2. 参加者の声

　北名古屋市のアンケートの回答の中から，マザリーズ教室で楽しかった点と，マザリーズを使うとどんな気持ちになるかという2点について紹介します。

　①楽しかったという方はどんな点で楽しかったですか？
・ずっと笑顔で楽しく過ごせたし，子どもも楽しそうだった。
・スキンシップ遊びができた点。子どもの喜ぶ顔が見られたこと。
・赤ちゃんの顔を見ながら語りかけをし，スキンシップ，コミュニケーションが二つ同時にでき，笑顔も見ることができたこと。
・声に表現をつけて発したり，顔に表情をつけたりして子どもと遊べたこと。
・たくさんの赤ちゃんの中でマザリーズを体験できたこと。「あ」と声を出すだけでこんなに楽しめるなんて意外でした。
・表情や声をしっかり意識することを，普段忘れがちだったので思い出させてくれました。

　②マザリーズを聞いたり，話したりすると，どんな気持ちになりましたか？
・心が穏やかになりました。
・気持ちが落ち着く。優しい気持ちになりました。
・あたたかい，ほっとする感じがしました。ゆったりした気持ちになれました。
・日々の忙しさを忘れ，リラックスした気分になれた。
・子どもを想う優しい気持ち。幸せな気持ちになります。
・穏やかな赤ちゃんとの時間を過ごすことができた。
・いつもより子どもとしっかり向き合っている感じがする。

　北名古屋市のみではなく，ほとんどすべてのマザリーズ教室の参加者から，上記と共通する内容の感想をいただきます。マザリーズを意識することによって，子どもの反応が大きくなり，受け止める親自身の楽しさに結びついていることがわかります。またマザリーズを使うことによって，自分自身の気持ちの変化への気づきがみられます。参加者の皆さんが，まずはマザリーズの心地よさを感じるということが，マザリーズ教室の目的でもあるのです。

コラム4

マザリーズとの出合い

　マザリーズとの出合いは，新聞記事です。子育て支援センターに異動になり4年が経とうとしていた頃でした。日々子育て相談を受ける中で「赤ちゃんと一日をどう過ごしていいのかわからない」「赤ちゃんにどう声をかけたらいいのかわからない」というお母さんの声を多く聞くようになっていました。このような現状が市内4か所すべての子育て支援センターでみられ，どうしていくとよいのか思い悩んでいた時，マザリーズの会のマザリーズ活動のことを知り，「これだ！！」と直感しました。

　赤ちゃんとどう関わっていいのかわからないお母さんがマザリーズを学ぶことで，よりよい母子関係を築くことができ，親子ともにコミュニケーションの心地よさを味わうことができるのではと思いました。そこで平成26年度北名古屋市子育て支援センター事業で，連続2回のマザリーズ講座を開きました。申し込み制でしたが，即日予約が埋まるほどの反響がありました。お母さん達は赤ちゃんへの関わり方を求めていたのだと，改めて実感した瞬間でした。

　マザリーズ講座では，抑揚をつけて声を出す方法や顔の表情を豊かに動かす方法を聞き，一つひとつ実践していく中で，母子に大きな変化がみられました。母子の距離が縮まったり，お母さんの声や表情に反応して赤ちゃんも表情豊かになり，声も多く出るようになっていました。まるで魔法にかかったようにみえました。お母さん自身が癒され，声の抑揚や表情がいかに大切かを感じ取ることができたのではないかと思います。

　後日，マザリーズの大切さを北名古屋市の子育て支援を担う施設で広めていけるよう，保育園や児童館などの責任者が集う会議で，マザリーズ講座の様子をDVDで流しながら説明を加え，報告をしました。そして，子育て支援センターでは，赤ちゃん体操などを取り入れ，親子とともにゆったりとした時間を過ごせるようにしています。

　これからも，人間形成の基礎となるこの乳幼児期に，マザリーズのよさ，大切さを伝えていこうと思います。

第3節　マザリーズ研修

1. 瀬戸市「こんにちは赤ちゃん訪問」マザリーズ研修

　マザリーズ教室の実践が広がっていく中，マザリーズについて学びたいという方々からの依頼が来るようになりました。そのため，0歳児親子対象の教室プログラムとは異なった研修プログラムを考案していく必要がありました。

　ここでは，研修会の実践例として，瀬戸市「こんにちは家庭訪問」訪問員を対象に実施した内容を紹介します。健康福祉部健康課の依頼を受け，直接現状等の詳細を聞きました。そして，平成26年3月7日，瀬戸市安らぎ会館にてマザリーズ研修会が実施され，赤ちゃん訪問の関係者約30名が参加しました。

　瀬戸市の「こんにちは赤ちゃん訪問」では，看護師と民生委員の協力体制のもと，新生児の家庭を個別訪問し，観察および指導していく活動を実施しています。多くの自治体でこの取り組みがなされていますが，どの自治体においても，訪問するスタッフの新生児親子への接し方について，共通理解を構築していくことの難しさがあると考えられます。世代間や経験の違いから，言葉がけについてもさまざまな考え方があるのは当然です。研修を通じて共通理解を図るという方法が必要になってくるわけですが，納得していただける説明のためには，脳生理学や心理学の研究成果について言及することも不可欠となります。

　そこで，前半はパワーポイントを使ってマザリーズとは何かについて説明，後半にマザリーズレッスンを取り入れた研修プログラムを考案しました。

2. マザリーズ研修プログラム

　前半の知識の学び（図8-2）と後半の身体的学びについての内容について簡単に記述します。

　　Ⅰ　理論編―マザリーズ　知識としての学び
　　　　①人類にとってのマザリーズ
　　　　②今なぜマザリーズなのか？
　　　　③マザリーズの効果について
　　　　④乳幼児の言葉の発達とマザリーズ

第8章　マザリーズ実践紹介

ゴリラと人間の頭部構造の違い

喉頭部　　高い位置　　低い位置
　　　　　小さい　　　大きい
　　　　　　　　　　　↓
　　　　　　　　声帯が多彩な機能
　　　　　　　　を持つ

マザリーズとは？

乳幼児に語りかけするときに自然に出てくる語りかけ方。
　特徴　・声が普段よりやや高くなる。
　　　　・話す速度がゆっくりになる。
　　　　・抑揚（音の高低）が大きく付く。

（世界中の母親からの赤ちゃんへの語りかけ）

地球の歴史から始まった研修に，皆さん，驚きでした。繋がりがわかると納得の表情でした。

今なぜマザリーズ？

・保育現場からの声
　若い保育士　保護者との対話ができない。
　　　　　　　言葉に柔らかさがない。
　　　　　　　相手が何を欲しているか
　　　　　　　察知できない。
・地域子育て支援センターからの声
　母親　赤ちゃんのあやし方がわからない。
　　　　投げつけるような話し方をする。
　　　　言葉に柔らかさがない。

マザリーズ，IDS という言葉は知らなくても，使っていらっしゃる方々がほとんどです。
意識化することに意味があります。

乳児への語りかけ方

サリー・ウォードの研究（イギリス・言語治療士）
〈ベビートークプログラム〉
静かなところで，1日30分，乳幼児に集中して，ゆったりと語りかける。
①言語発達遅滞の10か月乳児140名
　　　　　　70名　　　　70名
　　　　A 語りかけプログラム　B 受けない
②3歳　A 全員が正常化　　B 85％が遅滞
③7歳　A 4名が遅滞　　　　B 20名が遅滞

できるだけ国内外の研究成果についても言及し，マザリーズ効果についての理解ができるようにします。

マザリーズで語りかける意味

乳児にとって
　・心地良い音に対する興味・関心
　・柔らかな音が与える安心感
　・言語野が活発化
私たちにとって
　・乳児との強い繋がり
　・乳児を中心とした対話環境の再生
　・柔らかさの復活
乳児の誕生＝マザリーズを通じ，共同体を再生する機会

図 8-2　マザリーズ研修用資料および留意した点（児玉，2012）

Ⅱ　実践編―マザリーズレッスン　身体としての学び
　　①身体の開放　ストレッチ
　　②発声
　　③声の表現　マザリーズ表現
　　④マザリーズを使った赤ちゃん絵本読み聞かせ

コラム5

はじめてのマザリーズ研修

　瀬戸市が行っている乳児を対象とした「こんにちは赤ちゃん訪問」では，看護師とともに主任児童委員，民生委員・児童委員（以下委員）による母子の健康面の観察・保健事業の紹介と地域の子育て支援の紹介をしています。委員には必要な研修プログラムを組み，訪問の内容および質が一定に保てるよう努めているところですが，委員の皆さんは大変使命感が強く，訪問ではお母さんに何か伝えていかなければならないと考え，ただ傾聴しているだけでよいのかと迷われる声もありました。

　そのような中で委員の方から，新聞記事で紹介されていた「マザリーズ」が大変興味深く，訪問の参考になるのではないか，ぜひ話を聞きたいとの要望がありました。

　そこで平成26年3月7日に研修会を行いました。講師の先生には，「赤ちゃんとお母さんを包み込む『マザリーズ』環境について」という講義内容で行っていただきました。共感意識を持つ語りかけの仕方や乳児はもちろん母親も抑揚のある話しかけのマザリーズ環境において，安心感，自己肯定感を抱くことができることを学びました。保健師である私自身も「マザリーズ」にはじめてふれ，お母さんから「マザリーズ」を受けずに育つと乳幼児の言語発達遅滞をはじめさまざまな悪影響を及ぼしてしまうことを知りました。はじめてお母さんになった方の中には，赤ちゃんにどのように話しかけてよいのかわからないとの悩みを持たれている方がいます。今回の研修会では，とても具体的で実践しやすいものでしたので，今後の母子保健事業において，「マザリーズ」の考えを念頭におき，親子に対して保健師自身が「マザリーズ」を伝えていきたいと思いました。

　最後に研修を終えた委員の方々の感想を記しておきたいと思います。講師の語りかけ方に引き込まれてしまったと，まさに「マザリーズ環境」におかれた様子でした。委員は訪問では，「いつも笑ってうなずいてばかりで何も伝えることができなかったが，これでよかったのだ」と再確認でき，これからの訪問に役立てたいとの意見が多く，とても有意義な研修会であったようです。

3. 参加者の声

瀬戸市のマザリーズ研修の参加者の感想の一部を紹介します。

- 「何もしなくても自分はそこにいる」という自信を持つことの大切さを，自分の人生にも役立てられそうな気がした。今後も訪問に役立てたい。
- 自分自身の日常生活を送る上で忘れていたことなども含め，大変勉強になった。
- 訪問でいつも笑ってうなずいてばかりだったが，それでよかったんだと再確認できた。とても感動した。
- マザリーズの話し方は，赤ちゃんだけでなく，お年寄りにもよいと思った
- 楽しく子育ての気持ちを思い出した。
- 今回のマザリーズ講座を新人の方にも聞かせたいので，時々やって欲しい。

上記のように，研修として今後の活動に活かしたいという意識が強くみられます。また，乳児親子に接していく上で，「指導からケアへ」という意識転換の機会となった参加者もいたことがわかります。このような学びの姿勢に応えていくためにも，今後，研修担当者としての人材育成についても検討していく必要があると考えられます。

4. 地域子育て支援サークル：安城市託児グループ「くれよん」

0歳児待機の問題の解決のために，地域の母親の相互扶助のシステムづくりが広がっています。安城市の託児グループ「くれよん」もその一つです。さらに母親同士の交流の場として，託児交流広場「すまいる」も運営し，安城市の生涯学習課の支援のもと，さまざまな交流活動と託児活動を展開しています。

乳幼児への語りかけについて学びたいという会員からの要望があり，平成26年6月26日，安城市市民交流センターにてマザリーズ研修会が開催されました。終了後，「マザリーズを話したり聞いたりできる空間は，子ども達や私達にとって心地よいところだと改めてわかり，託児に携わっていることの幸せを感じた」という内容の感想が多くの参加者からありました。また，「すまいる便り」で多くの託児関係者対象に，マザリーズに関する説明が記載されました。

第4節 マザリーズ教室における音楽環境

1. マザリーズ教室の音楽実践例

　マザリーズ教室を実践する上で、第4章に記述されていたように音楽は重要な要素となります。教室の柔らかな雰囲気を創り、マザリーズをより効果的なものにするのが音楽の役割です。ここでは、実際のマザリーズ教室の流れに沿って、どのように音楽を使っている（演奏している）かの音楽実践例を述べます（表8-3参照）。

　マザリーズ教室では、主に手軽に演奏場所の移動ができる電子ピアノやキーボードを使用します。

①受付が終わった親子から入室

　母親の緊張をほぐすため、ピアノをBGMとして演奏します。母親同士の会話に支障がないように音量を絞り、ゆっくりのテンポで、高い音域で演奏します。

②開始の挨拶および母親の自己紹介

　声が聞こえるよう、ピアノのBGMは入れません。部屋が広く、マイクを使用してしゃべる時は、ピアノの演奏を静かに流します。

③抱っこの儀式

　うながすように、ピアノを演奏します。幼児歌曲から、中田喜直作曲「おかあさん」等、優しい感じの曲を演奏します。

④ぽよよんタイム

　歌詞のある曲なので、歌いながらピアノ伴奏。動作に合わせるよう、テンポに気をつけて演奏します。わらべ歌「ちょちちょちあわわ」「いっぽんばしこちょこちょ」等を歌う時は、ピアノではなく、ウッドブロック等打楽器で拍を刻む程度にします。

⑤マザリーズレッスン

　顔の表情筋のマッサージの時には、ピアノで即興的に伴奏。簡単に和音を弾く程度です。声を出すレッスンでは、音は入れないようにします。

⑥絵本読み聞かせ

表8-3　マザリーズ教室の音楽実践例

開始前	①入室	ピアノBGM 「おはながわらった」 「アイアイ」その他，幼児歌曲を中心に
0:00	②開始の挨拶 　自己紹介	なし (大きい部屋でマイク使用時にはピアノBGMを入れることも)
0:10	③抱っこの儀式	ピアノBGM 「おかあさん」など
0:15	④ぽよよんタイム	ピアノ伴奏 「おふねをこいで」「あたまかたひざぽん」など (ウッドブロックのみ)「ちょちちょちあわわ」
0:25	⑤マザリーズレッスン	ピアノ即興伴奏
0:30	⑥絵本読み聞かせ 　「ぞうくんのさんぽ」	ピアノ即興伴奏 「ぞうさんのさんぽ」(デンマーク民謡をテーマに使う)
0:45	⑦ママストレッチ ⑧あるいはトーンチャイム	ピアノ即興伴奏 トーンチャイムを使用した音楽活動
	⑨終わりの挨拶 　帰りの支度	ピアノBGM 「さんぽ」「世界中の子供たちが」など

後で述べます。

⑦ママストレッチ

　ピアノで即興演奏。マザリーズレッスン時のように，和音を変えて弾いたり，ラジオ体操風な伴奏をつけたり楽しい感じにします。

⑧トーンチャイムで音楽活動

　参加者全員に1本ずつトーンチャイムを持ってもらいます。音の鳴らし方を説明した後，一人ずつ音を鳴らしていきます。キャッチボールをするように，相手を決めて，音を相手に向かってゆっくり鳴らします。音を受けた人はまた別の人に，音を鳴らして渡します。全員で一つの音を聞きます。和音奏も楽しみます。例えば，ドミソの和音とレファラの和音を交互にゆっくり鳴らしてもらうと，参加者全員響きに包まれている感じになります。

⑨帰り支度

　元気な曲でピアノでBGMを演奏します。

第2部　保育者養成とマザリーズ指導

2. マザリーズを使った絵本の読み聞かせにおけるピアノ伴奏

「⑥絵本読み聞かせ」では特に，ピアノの伴奏の効果が表れる場面といえるでしょう。マザリーズ教室で20回以上読み聞かせで使用しているのが，『ぞうくんのさんぽ』(なかのひろたか，1977)です。伴奏のテーマとしてデンマーク民謡「ぞうさんのさんぽ」を使っています（楽譜8-1）。

この16小節のテーマを場面に合わせてアレンジし，即興演奏も加えます。まず，絵本読み聞かせが始まる前，参加親子に大型絵本の前に集まってもらう時点から，ゆっくり2拍子を刻んだ演奏を繰り返します。読み手が絵本の題「ぞうくんのさんぽ」と言ったあとでテーマを弾きます。ぞうくんがさんぽに出かけ，出会った動物たち（かば，わに，かめ）を次々背中に乗せるとどんどん重くなっていくので，乗せる度に，テーマをゆっくり，音域も下げて演奏します。読み手の声を遮らないように，弾き続けるのでなく，読むところでは，音を止めます。親子とも絵本に集中し，泣き出したりする赤ちゃんはいません。視線は常に大型絵本に注がれ，ピアノのほうに注目する者もありません。

絵本読み聞かせのピアノ伴奏は，①絵本や読み手より目立たない存在であり，②読み手や聞き手の気持ちのつくり方を助ける効果があり，③聞き手の意識を絵本に集中させる働きがあるといえます。特に③において，膝に抱かれた赤ちゃんも，母親同様に絵本に引き込まれた様子がみられます。

「絵本の読み聞かせは，読み手の言葉の緩急，リズムや声色の変化などによって，絵本の音楽的表現と捉えることができる」（竹内・奥，2007）といわれます。ピアノ伴奏は，読み手の音楽的表現（ここではマザリーズを使った絵本の読み聞かせ）を手助けしているといえます。また読み手が表現しきれない場面の移り変わりや感情表現を補っているともいえます。さらに，言葉と音楽が未分化

楽譜8-1　ぞうさんのさんぽ（デンマーク民謡）

な0歳児には，言語の理解や習得を助け，促進させる役割を担っていると考えられるでしょう。

3. トーンチャイムを使う

　トーンチャイムは，ハンドベルのように，一つの楽器で1音しか出せませんが，棒状の形にクラッパーがついており，振って音を鳴らします。素材がアルミ合金なのでハンドベルよりも軽く，手軽に音が鳴らせて取扱いも簡単です。そして，ハンドベルよりも柔らかく優しい音色ですので，マザリーズ教室のプログラムでぜひ使いたい楽器です。障害児や高齢者対象の音楽療法の現場では，多く使われています。

　一人1音ずつトーンチャイムを持ち，メロディーを奏でることができれば，楽器を演奏したという満足感も大きいですが，演奏者全員が呼吸を合わせてメロディーを作り出すのには練習する時間が必要になります。前述の実践例のように，あらかじめ使う音を決めておき，参加した母親だけでなく，スタッフや見学者もそれぞれ1本ずつトーンチャイムを持ち，音のキャッチボールや和音奏をします。音の鳴らし方に注意し，ゆっくりしたテンポで音を鳴らしていけば十分に音色を楽しむことができるため，マザリーズ教室の柔らかい雰囲気に合っているといえます。

マザリーズ教室でのトーンチャイムタイム

トーンチャイムに喜ぶ赤ちゃん

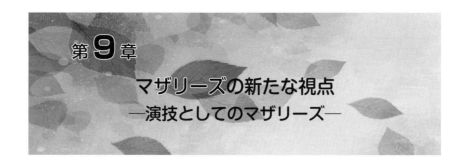

第9章 マザリーズの新たな視点
─演技としてのマザリーズ─

第1節 身の周りの演技

　「演技」と聞けば真っ先に何を連想するでしょうか？　おそらく演劇やドラマなど,特別な空間で行われるものではないかと思います。しかし実は,私たちはもっと身近なところで演技にふれています。例えば,飛行機の客室乗務員,銀行窓口の女性,遊園地のスタッフの優しい表情や親切な行動は,仕事として必要とされるものであり,演技的な要素も含んでいるといってよいでしょう。また,子どもも大人も大好きなディズニーランドのスタッフ(キャストと呼ばれます)には,全身で「本物以上に本物らしく」演技することが求められているそうです(草地,2009)。その意識から,キャストの人たちは,どんなにプライベートや仕事で悲しいことやつらいことがあったとしても,常に私たちに優しく親切に接してくれるようです。

　私たちの普段の生活の中での演技的な行動の一つとして「作り笑顔」があります。作り笑顔は世間ではあまりよい意味で使われないと思いますが,笑顔をされて不愉快になり,その相手に悪い印象を抱く人はいないはずです。仮に作られた笑顔であっても,それは私たちと気持ちよくコミュニケーションしたいというメッセージ・心くばりと捉えることができるでしょう。したがって,作り笑顔は絶対によくないものというわけではなく,むしろ私たちが良好な人間関係を構築・維持するために必要なとても重要なコミュニケーションツールとみることもできると思います(図9-1)。

　このように,私たちの身の周りには演技をしている人たちが多く存在し,そ

図9-1　良好な人間関係につながる笑顔の例

の演技を演技とはそれほど感じないでともに生活をしていると思います。それでは，私たちはどのくらい演技をしているのでしょうか。大学生・大学院生85名を対象としたある調査によると，日常生活で自分が演技をしていると考える人が71.8%，他人が演技をしていると考える人が78.8%，そして日常生活で演技が必要だと考える人が90.6%にものぼることがわかりました（定廣・望月，2010）。演技の具体的な例としては，「笑顔」「意見同調」「興味があるふり」「聞いているふり」「笑い反応」「楽しそうなふり」など他人に好意的な反応を返すものや，「丁寧・礼儀正しい」「かわいい」「まじめ」「優しい・穏やか」など相手にポジティブな印象を与えるものがあげられています。演技が必要とされる理由としては，他人との円滑な人間関係のためという理由をはじめ，その場の空気・雰囲気に対する配慮に関する回答が多くみられました。また保護者を対象としたアンケートでも，子育てのためには演技が必要かという質問に対して，7割以上の保護者が必要と回答しています（Benesse教育情報サイト，2012）。

　このように私たちの普段の行動を振り返ってみると，私たち自身もよく演技をしているのです（先ほども述べたように，演技をする＝悪いことではありません）。確かに，例えば結婚式に出席した時は相手の幸せを願い，なるべく明るくふるまったり，葬式では故人の生涯を振り返りながら哀悼の意を表したり，酒の席ではその場がしらけないように，あるいは，空気が読めないと思われないようにテンションをいつも以上に上げてみたり，近所づき合いでは相手の近況に共感しようと努めることが多いのではないでしょうか。演技は，普段あまり意識することはありませんが，実は私たちの毎日の生活に密着しているのです。

第2節　演技の種類と効果

1. 表層演技と深層演技

　さて，一言で「演技」といっても，理論的にはどのように考えられているのでしょうか。ここでは，ホックシールド（Hochschild）の理論をもとに述べていくことにします。演技は大きく2種類に分かれ，表層演技と深層演技があります（例えば，Hochschild, 1983）。表層演技とは，文字通り表面的なうわべの演技のことで，内面の感情とはまったく関係がないので，周囲に表出している感情と本当の感情（本心）は別物です。いわゆるホンネとタテマエでいえば，タテマエにあたるでしょう。この表層演技は，さらに細かく分ければ，本心を隠そうとする感情隠蔽と，偽りの感情を装う感情偽装があります（Lee & Brotheridge, 2006）。

　もう一つの演技である深層演技とは，感情のレベルから演技をすることですので，その感情から適切な表情や行動が結果的に出ます。すなわち，表層演技と大きく異なるところは，場面に応じて適切に笑ったり悲しんだりするといった望ましい感情の表出が，表層演技の場合はその表出自体を目的として行われるのに対して，深層演技の場合は，結果として出てくる点にあるといえるでしょう。

　それでは，表層演技や深層演技は実際にはどのように行われているのでしょうか？　8名の社会人を対象としたあるインタビュー調査では，普段の仕事の場面で，全員が感情隠蔽を行ったことがあり，8名のうち7名は何らかの形で感情偽装を行っていることが明らかにされました（関谷・湯川, 2010）。その一部を表9-1に示します。

　ここで保育者の場合を考えてみると，感情偽装（繰り返しになりますが必ずしもネガティブなことではありません）の例としては，泥水のジュースをおいしそうに飲むふりをしたり，赤ちゃんになって子どもの演ずるママに上手に甘えるふりをしたりすることがあげられます（加藤, 2011）。また，保育士と実習生を対象としたあるインタビュー調査からは，表9-2の通り，演技的な行動の実例が報告されています（野田ら, 2014）。

表9-1 表層演技（感情隠蔽，感情偽装）および深層演技の例 （関谷・湯川，2010より一部抜粋）

感情隠蔽	感情偽装	深層演技
そりゃあるよね。毎日ね。感情を隠すのは，対患者さん。猛烈に忙しいときに，患者さんから声をかけられて，"知らないよ！"って思うときとか。（疾病的な原因によって）すごく暴力的な人もいる。そういうときは，（仕方がないと）分かってても本気でやり返したくなるよね。	具合が悪いときに笑わないといけないのは辛いよね。患者さんの前では，具合の悪い顔はできないから。怒ってても笑顔とか。本当に疲れたときでも，笑顔だけは人前では作っておこうと（思う）。一番辛いのは，（感情を）抑えたうえに，フリをすることだよね。	具体的にイメージがわかないけど，職場で体調が悪い日とか，何か重要なイベントがある日に，一日頑張ろう！と思うことはある。辛いんだけど，気の持ちようだなって思って，楽しもう，何だか楽しくなってきた，というときはある。疲れてきて気持ちも下降してくるときでも，"楽しめることがあるんじゃないの？"って。
子どもの前でだけは絶対出さない。感情は出しちゃダメ。デカい声を出せばいいってもんじゃない。子どもの前で（感情を）出さないことは大変。怒鳴ると疲れるし，あんまり使わないようにしている。怒鳴っても怒鳴らなくてもすっきりしない。	（授業が）つまらないと荒れだすから，気を使うね…。それも疲れる。（偽装した感情を）ひねり出す瞬間が一番疲れる。周囲（同僚や上司）からは余裕かましてると見られてる。辛いところを見せたくない（ので，そのように装っている）。それで逆に辛くなるけど，みんな辛いんだから…。	（朝，職場について）車を降りたら，意図的に…（切り替えている）。子どもと接するときの自分の"モード"は嫌いじゃない。一度乗っかっちゃえば，それがメインになるからラク。切り替える瞬間が辛いね。（夕方，クラスの子どもに）"じゃーねー！"と言った後に"あああああ！"（と叫びたい状況になる）。

注）上段は病院（民営）に勤務する言語聴覚士，下段は小学校教員

表9-2 保育士と実習生の演技的な行動の実例 （野田ら，2014より改変）

子どもの発言	自分の発言	自分の気持ち	所感
「これ，何？」	「これは，園長先生の仕事道具です。パソコンと言います」	なるべく丁寧に，丁寧に。	自分の仕事を邪魔しないで欲しいと思いつつも，丁寧な応対に徹している。
「（パソコンに）触っていい？」	「触るのは，ちょっと困ってしまいますね」	パソコンに何かあっては困る。	
子どもが集まって実習生の周りに座る。担任の先生が子どもの後ろに座る。	「みんな絵本読むよ，集まって」	先生が見てるんだ。ドキドキする。ヤバいな…。できるだけ大きな声で読もう。	一緒に実習をしていた子が声が小さくて，もっと声を出した方がよいと言われていた。保育士として大きな声は必要だし，担当の先生が言ったので大きな声で読もうと思った。
	ニコッと笑う。	恥かしいけど，ここで頑張って読んだら，好感度上がるかも。笑顔で，笑顔で。	

注）上段は保育士，下段は実習生

以上のように，演技には表層演技と深層演技があり，職業に応じてさまざまなものがあります。それでは，前節で取り上げた飛行機の客室乗務員の表情や行動は，表層演技と深層演技のいったいどちらなのでしょうか。例えば客室乗務員は，深層演技に近いトレーニングを積み，あの素敵な笑顔や親切なふるまいは本心からのものであり，形式的なものではないようなのです。客室乗務員は，内面で乗客を歓迎すべきゲストとみなし，機内を自宅のリビングであると思い込んで，十分なもてなしをするように乗客と接しているそうです（榊原，2011）。また，新人の訓練では，乗客からクレームが出た場合，次のように考えるよう教えられるそうです。「基本的に，乗客はただの子どもなのよ。注目されたいの。はじめて飛行機に乗る人の中には，ときどきものすごく神経質になっている人もいるわ。でも，トラブルを起こす人の何割かは，ほんとうにただ注意を向けてほしいだけなのよ」（Hochschild, 1983）。

 ディズニーランドで働くキャストの人たちの場合はどうかといえば，毎日初演のつもりでお客様に接し，お掃除の担当者（カストーディアルスタッフと呼ばれます）も「お掃除というショー」という意識で行っているそうです。さらに，短期間のアルバイトスタッフに対しても，観念的・形式的な教育ではなく，「当社（ディズニーランド）はどういう価値観なのか」「何がよいことで何が悪いことなのか」など内面に関わる指導が具体的に示され，正社員と同じレベルの自然な動作や言葉（本気の演技）ができるよう教育されるそうです（草地，2009）。これらの例から，深層演技の大きなポイントは，いかに想像力を働かせ，そのイメージの中で自分をコントロールできるかにあるように思います。特に，現実はストレスや抵抗を感じるようなネガティブな場面であっても，それをできるだけポジティブな方向にイメージし直し，自分の行動につなげることができるかが問われると考えられます。

 このように，表層演技と深層演技とでは，やはり深層演技の方が望ましいです。確かに，どちらも適切な感情を表出するという点では共通していますが，表層演技の場合は，表出された感情がその場面に限定された，あくまで表面的なものですので，その場面が終わると，その感情はあっという間に消えてしまうでしょう。他方，深層演技の場合は，感情そのものが表出すべき感情になっているため，相手への共感も起こりやすく，その分その場面が終わってもその

第9章　マザリーズの新たな視点

図9-2　表層演技から深層演技への段階的移行

感情は消えにくく，結果的に良好な人間関係も構築・維持されることでしょう。

しかし，深層演技を行うことがそう簡単なことではないことは容易に想像できると思います。それではどうすれば深層演技ができるようになるのでしょうか。ここで，学生の実習での深層演技に関連する二つの事例を紹介したいと思います。一つめは，実習生が（最初）子どもの遊びに入れない時，演技をすることによって，子どもと会話がはずみいっしょに遊べるようになると，自然な微笑みや楽しさが湧き出てくることがあるという事例です（井勝，2011）。二つめは，表層演技としての演技が次第に深層演技に転化している場合もあるという事例です（太田，2012）。これらに似た状況はよくあるように思われます。したがって，最初，表層演技として感情を表出していても，それが徐々に感情を伴う深層演技に移行していくことが十分に考えられます。その過程には，きっと表層演技と深層演技が入り混じったような中間的な状態もあるでしょう。

以上のことから，新たな可能性として，図9-2のように，表層演技と深層演技の間が橋渡しされ，最初のうちは，表出すべき感情を表出することだけ，つまりまねをすることだけに意識を向けられていても，例えばそれを繰り返し行うことによって，徐々に深層演技の要素も生まれ，最終的には表出すべき感情が知らないうちに表出されている可能性があるのではないでしょうか。

2．演技による心理的効果

次に，表層演技が深層演技へ移行される可能性を探りたいと思いますが，それに関連する話題として，まず表層演技を行うことによってどのような心理的効果が生じるかを身体心理学（岸ら，2002；春木，2011）の観点から，いくつか紹介していきたいと思います。

最初に，発声について取り上げます。「アー　イ　ウ〜ン　エー　オー」と実際に声に出した時，それぞれどのような気分になるかを調べた研究があります。その結果，「アー」は開放的な気分，「イ」は緊張の傾向，「ウ〜ン」は落ち着いた気分をもたらすことが示されました。どのような言葉を口に出すかという単純な行動（表層演技）であっても心理面に影響を及ぼすのです。

次に，表情に関する例として，漫画を読む時に，前歯でペンを噛んで読む場合（笑顔の表情）と，ペンを唇で押さえてくわえてもらった場合（普通の表情）では，前者のほうが漫画に対しておもしろさを感じたとのことでした（Strack et al., 1988）。また，ゴルフのティーを額に張り付けて，それを落とさないようにすると，顔は自動的に悲しみの表情になってしまいますが，その時，表情だけでなく，悲しみの感情も出てくるそうです（Larsen et al., 1992）。さらに，楽しい映画の場面を観る時に，無表情で観る場合と，自然に反応しながら（普通に）観る場合とでは，後者の自然に反応しながら観たほうがおもしろさを感じました（Bush et al., 1989）。このことから，表情という顔面反応を抑制することによって，感情も抑制されてしまうことがあるようです。表情と感情は繋がっているのです。

これらの例と重なる考え方が俳優養成の世界でも見受けられます。俳優になるためのあるトレーニングでも，「表現」と「内面」の関係が双方向に捉えられています（図9-3）。豊かな「内面」を持つことによって，豊かな「表現」ができるようになることはもちろんですが，反対に，豊かな「表現」をすることによって，豊かな「内面」を持つことになると考えられています。したがって，例えば「声」の場合，声には「大きさ」「高さ」「速さ」「間」「音色」の5つの要素があり，それらのバリエーションを意識的に使い分けることによって，それぞれに応じたイメージや感情が心の中に浮かび，記憶され，その後の演技・演出に活かされるとのことです（鴻上，2011）。

これまでの話題のように，声や表情を意識的に変えるという表層演技から始めても，内面が次第に変わっていく可能性があるのです。

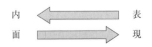

図9-3　俳優養成における内面と表現の双方的関係（鴻上，2011）

第3節　保育者の演技とマザリーズ

1. 保育者に演技は必要か

これまで述べてきた演技の話を保育に繋げていきたいと思います。まず、一般に保育の世界で「演技」という言葉は、違和感や抵抗感を強く感じる言葉ではないかと思います。なぜなら、「保育は演技ではない／演技であってはならない」、あるいは「子どもには心からの愛情を注ぐべきである」という保育観・子ども観が広く保育者の間で浸透している面があるからだと思います。もちろん、これらの価値観は非常に重要であり、否定されるものではありません。

しかし、実際には保育士は演技をしているという調査結果があります。ある市の公立保育所に勤務する保育士を対象とした質問紙調査で、422名中396名の保育士が演技した経験があることが明らかとなりました（神谷ら, 2011）。その一部を表9-3に示します。

この結果は、保育士は日常的に疲れやイライラ等のストレスを感じやすくなっている中で、子どもや親の前ではなるべくその感情が表に出ないように抑制し、明るくふるまおうと努めている実態を表すのではないでしょうか。本来ならば、保育士に演技は望まれないと思いますが、表層演技的な行動をせざるを得ない状況も多いのかもしれません。そもそも、保育士も私たちと同じようにさまざまな感情体験をする人間です。したがって、よくいわれる「いつも明るく笑顔で」は、いくら保育士であっても無理であり、むしろ不自然であるともいえます。そうであれば、保育士はわざとふるまうようなことはしないで、ありのままでよいではないか、という考え方もあるでしょう。現在の日本の保育士には、「いつも明るく笑顔で」を実際に子どもや親の前で表現できることが期待され、それができなければ保育士

表9-3　保育士の回答の平均値が3.0（ときどきある）以上の調査項目（神谷ら, 2011）

項目	平均値
本当は違うのに、子どもの前で明るくふるまうこと	3.32
疲れていることを隠して子どもにかかわること	3.32
本当は違うのに、親の前で明るくふるまうこと	3.08
イライラしているのを隠して子どもにかかわること	3.00

注）5点（非常によくある）満点

としての適性が低く評価される傾向があると思います。本章は，この背景を前提にして，その期待される保育士にどうしたら少しでも早く近づけるか，その方法を探っているともいえます。もちろん「いつも明るく笑顔で」という言葉は，表面的な浅い意味での言葉ではなく，内面的なものも含んだ意味の深い言葉のはずであり，単にその「ふり」をすればよいわけではありません。

　保育士は，表層演技的な行動をすることによって，内面をできるだけポジティブな方向に勇気づけ，結果として子どもや親との豊かなコミュニケーションが促進されているのだと思います。重要なことは，保育士が演技をするかどうかではなく，子どもや親に対してよい関わりができるかどうかです。この意味でも，やはり保育士にとって「演技」の観点は重要になるのではないでしょうか。

　ところが，新人保育士の中には，「本心から」明るく笑顔をふるまえないことなどを気にして「私は保育士に向いていない」と苦しむ人もいるようです（神谷ら，2011）。これを防ぐためにも，新人保育士や保育士養成校の学生に対して，必要に応じて，ベテラン保育士と同じような演技的な行動をすることも重要であることを教授し，演習等で実際にトレーニングすることも求められるのではないでしょうか。しかしながら，これに関する議論はまだ少ないです。今後，まずはたたき台として，演技の観点を意識した具体的な保育士養成プログラムを作成し，その効果を検証する必要があるでしょう。

2. 短大生による乳幼児向け番組の話し方体験

　筆者は平成26年夏，短大の授業の中で，保育士を目指す短大生を対象に，乳幼児向け番組の話し方体験を試みました。概要は，最初にNHK番組「おかあさんといっしょ」に登場するお姉さん・お兄さんの演技（マザリーズの特徴に似た話し方，表情など）をスクリーンで観た後，6名程度のグループをつくり，保育園等での「朝の会」を想定して，マザリーズを意識した言葉がけ（「今日は○○をして遊ぼうなど！」）を行うという内容でした。

　DVDを再生した後，スクリーンに登場したお姉さん・お兄さんの（ややオーバーにも感じてしまう）表情や声の高さに注目し，後で同じようにステージ上で表現するよう指示した時，「エ～！？」というような抵抗の声が返ってきました。けれども，いざその場になると，ほとんどの学生はテンションを上げ，

楽しそうに（普段はなかなか見せてくれないいきいきとした表情もしながら）表現していました。この時，こうした体験は本学学生の今後のマザリーズトレーニングの可能性を示唆してくれました。学生全員の発表が終わった後，マザリーズの演技に関するアンケートを学生に依頼し，図9-4の結果になりました。

91名の学生の回答を集計した結果，「マザリーズを演技することによって自分の内面も変わっていくと思いますか？」という質問に対して，思う（35名），やや思う（45名）を合わせて80名（約90％）の学生が肯定的に回答しました。さらに，どのように内面が変わっていくと思うかを自由記述で回答してもらいました。その一部が表9-4です。

表9-4の通り，その場の気分がポジティブになるだけでなく，性格や普段の感情コントロールも変わると感じた学生もいました。また，自分の中に「子どもらしさが出てくる」という子ども視点に立つきっかけが得られることに言及した学生もみられました。

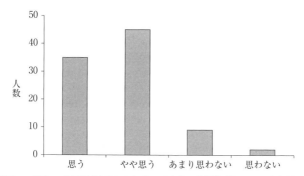

質問：マザリーズを演技することによって自分の内面も変わっていくと思いますか？

図9-4　マザリーズの演技に関するアンケートの結果

表9-4　マザリーズを演技することによってどのように内面が変わっていくかの回答例

気分がのっていない時でも，マザリーズによって楽しい気持ちになってくる。
性格が少しずつ変わり，明るくなれるかもしれないと思った。
人見知りが直りそう。今より，しゃべれるようになりそう。
自分の感情をうまくコントロールできるようになる。
明るく，子どもらしさが出てくると思う。子どもに近づけるような気がする。

第2部　保育者養成とマザリーズ指導

　他方，マザリーズを演技することによって内面が変わっていくとは思わない学生も11名（あまり思わない：9名，思わない：2名）いました。その理由を自由記述で回答してもらったところ，表9-5のような意見がみられました。

　回答例から，マザリーズを（無理に）演技しても「恥ずかしい」という思いをするだけで，結局内面は変わらず，それどころか自己嫌悪に陥ってしまうという意見がみられました。

　このことに関連することが，ある研究（榊原，2011）の中でも，ホックシールド（Hochschild）の理論に基づいて指摘されています。具体的には図9-5のように，深層演技を行うことによって「作られた感情」が，もともとの「自然に感じる感情」との間にズレを生じさせ，それが大きな葛藤すなわち自己欺瞞（自分を自分でだまし続けること）に繋がり，個人に大きなストレスをもたらす危険性があるということです。

　この深層演技のネガティブな側面は，まだ実証されていませんし（榊原，2011），否定されている意見もありますので（例えば，鈴木，2006），まだはっ

表9-5　マザリーズを演技することによって内面が変わっていくと思わない理由の回答例

演技は演技だから，恥ずかしいだけ。
恥ずかしすぎて，「自分は誰だ」という自己嫌悪になったから。
逆に変な緊張が生まれそう。よく演じようというのがプレッシャーになる。
自分は自分だし，表面上だけだから，内面は変わらない。ずっとマザリーズで話すのは疲れる。
演技していても自分は自分なので，考え方や視点が変化しても根元の部分は変わらないと思う。

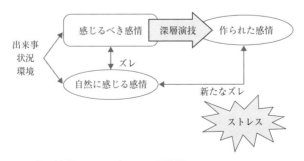

図9-5　深層演技によるストレスの可能性（榊原，2011より一部改変）

きりしたことはわかっていません。ただし今後，深層演技に伴う懸念事項として留意する必要はあるでしょう。

　この本の中心テーマであるマザリーズは，従来は乳幼児を目の前にした時に自然に出てくるものとして考えられ，演技とは無縁のものでした。けれども現在，別章でも述べられている通り，マザリーズを使わない／使えない母親や，実習等で乳幼児とうまくコミュニケーションができない学生が少なくありません。そこで，マザリーズをスキルの一つ，あるいはコミュニケーションのツールと捉え，マザリーズを積極的に意識して使用していく視点も今後は重要になるのではないかと思います。簡単にいえば，マザリーズのトレーニングが求められることになります。

　しかし，マザリーズトレーニングといっても，マザリーズは話し方の特徴のことですので，マザリーズだけ（話し方のみ）のトレーニングは難しいでしょう。マザリーズとともに，話す内容（言葉がけ）や表情やしぐさ（ジェスチャー版のマザリーズと呼ばれます）を組み合わせたり，乳幼児の世界のすばらしさ，おもしろさを感じようとしたりしながら（高橋，2011），深層演技として可能な限り適切な感情が喚起されることが重要です。またこれまで，ベテランの保育士ならではの言葉がけや行動パターンが数多く報告されています（例えば，樟本・山崎，2002; 佐々木・森，2011 など）。それらの知見もトレーニングに応用できればより効果的かもしれません。

　言葉がけの例を一つ紹介すると，学生が実習等で子どもたちと「引っ越し鬼」をする場面では，表9-6のような言葉がけが演技として必要であるといわれています（上月，2011）。これらは一見すると保育士のマニュアルのようにみえます。もちろんそうではありません。これらはあくまで保育士モデルの参考資

表9-6　「引っ越し鬼」の場面での適切な言葉がけの例（上月，2011より一部改変）

「誰が上手にお引っ越しできるかな〜？」（とチャレンジ心をあおる）
「○○ちゃん待て〜，つかまえちゃうぞ〜！」（と対決心をあおる）
「くそー，こっちから逃げられちゃった〜！」（とわざと悔しがる）
「うわ〜！つかまるーっ」「キャー助けて〜！」（とわざと怖がってみせたり，困ってみせたりする）
「やったぜー，イェーイ！」（と得意になってみせる）

料として，学生個人の性格に合う形にアレンジし直して，マザリーズトレーニングに活用されたいと思います。

　表情の例としては，第1節で取り上げた「笑顔」があります。笑顔は簡単にできそうで，なかなか難しいものです。ある保育士養成校では，笑顔のための「表情筋トレーニング」が導入され，本来は本心からの笑顔が一番だが，まずは作り笑いでも構わないという考え方で実践されています（加藤，2011）。その実践のねらいとするところは「作り笑いの効用」，すなわち作り笑いは自分の心にエールを送り，次第に本心からの笑顔に変えることのようです。これはまさに，表層演技から深層演技への転化です。また，実習の場面で，学生が常に笑顔を意識することが，学生のストレス軽減や実習評価の向上に結びつく可能性も示唆されています（御前，2013）。この結果も，表層演技として始めた笑顔が次第に深層演技に転化したことを表すと思います。

　以上本章では，新たな視点として演技としてのマザリーズを議論してきました。改めて，ポイントをまとめると以下の3点となります。

1. 演技は普段からよく使われていて，私たちの良好な人間関係の構築・維持やコミュニケーションの促進に役立っています。
2. 演技は，単なる表面的なまね（表層演技）と，感情レベルでの演技（深層演技）に分かれ，深層演技をどう実現できるかがポイントになるでしょう。
3. マザリーズをスキルの一つと捉えて演技対象とする観点を提案します。まずは導入として表層演技から始め，深層演技に転化していくような保育者養成プログラムが求められるのではないでしょうか。

最後になりますが，本章の演技に関連する議論は，以前から「感情労働」の研究分野でも活発に行われています（戸田，2011）。その一部を次に示します。

・感情演技（感情労働）は，保育の専門性の一部なのか。
・感情演技訓練は，保育の現場ではどのように行われているのか。
・感情演技訓練は，すべての学生に必須か，必要な学生のみか。

このように演技の観点はまだ新しいものですが，保育の分野でも，保育士の専門性や，保育士養成を考えていく際の一つの手がかりになるのではないでしょうか。今後，演技の観点からのいっそうの活発な議論や実証的研究等，さまざまな展開を期待したいと思います。

コラム ⑥

私の保育士としての一日

　私の朝の通勤路には，毎日違った風景があります。春，白鳥が田んぼで餌をつつき，水が張った田んぼには岩木山が映ります。夏，林檎の白い花が咲き，岩木山が映っていた田んぼは緑となります。秋，林檎の実が大きくなったことに気づき，防雪柵が立てられ冬への準備期間。冬，吹き溜まりの農道。横に吹き乱れる雪を見るのもよし。そしてまた春に。再び一年が始まります。

　この季節の移り変わりをこども達にも感じて欲しいです。そういった保育が街なかの保育園で可能か。それをいつも考えます。まずは私自身が感じることを大切にしたいです。

　保育園に作った小さな畑。こども達は遊びの最中にいろいろなものを観察，発見します。南瓜の黄色い花が咲いたことに気づき，西瓜の実が大きくなってきたことに仲間を呼んで喜びます。雨が降ると手を伸ばして雨だれに触れます。トンボもよく遊びに来ています。私は，それを見るのがうれしいです。自然と声が出て笑みがこぼれます。

　17時過ぎ，私はママ達のお迎えを待ちます。目的は話をしたいからです。こどもが帰り支度をする間，園庭で花壇の整備をしながら，ほうきを持ったまま，七輪で秋刀魚を焼きながら，収穫した葡萄を食べながら，ベランダに腰かけて，どんな状況でも話します。話をしてみえてくるのは，親と子の関わり，親の想い，心配，喜び……。勉強になること，ハッと思わされることも多々あります。「あぁそうか，そういう考え方もあるんだな」「そういう言い方もあるんだな」。

　まだまだだなと思い知らされることも多々あります。これからも，私自身，自分の思いがかなうように，勉強したり行動したり，さまざまなことに挑戦していきたいです。

第3部

マザリーズレッスン

第10章 マザリーズのレッスン

はじめに

　「言葉に抑揚をつけるのが苦手で，赤ちゃんを前にしても平板な言葉かけになってしまう」「ほんとうは思い切って大きな表現をしてみたいけど，何だか恥ずかしい」「マザリーズをもっと表現豊かに使えるようになりたい」。こんな声をよく聞きます。

　本来，マザリーズは乳幼児を前にして自然に出てくる表現です。赤ちゃんの笑顔や泣き顔を見ていると，思わずマザリーズを口にしてしまうというように，赤ちゃんとの相互作用において表現できるものです。しかしながら，マザリーズが得意なおばあさんや，子育て経験のある母親たちと接する機会がないと，マザリーズの語調を不自然に感じてしまうこともあるかもしれません。

　マザリーズは心も身体も赤ちゃんに開放した状態でできる表現です。第3部では，まず身体の開放をしていく方法を説明します。そして，マザリーズの特徴を表現できるようにするためのレッスンを紹介します。基本的なレッスン内容は，筆者の演劇や発声レッスンの経験，さらに先行文献（竹内，1988, 1989, 1990；鴻上，2002）を参考に考案し，これまで40回以上に及ぶ保育士養成校や地域におけるマザリーズ教室で実践してきた内容です。

　お母さんが一人で，またお友達といっしょにできる内容，保育士養成校の学生の皆さんが授業で取り組める内容をできるだけわかりやすく記述してみました。好きなところから始めてみてください。レッスン4からは音声を聞きながら楽しんでください。

第 10 章　マザリーズのレッスン

さあ，それではマザリーズレッスンを始めてみましょう。

レッスン1　身体の開放

●その1　ちゃんと立つ

①まず肩の力を抜いて，背骨だけはしっかりと立てて立ってみてください。壁が近くにありましたら，壁に背中全体をそっと付けるようにして立ってみましょう。

②首の部分がちゃんと背骨に載っていないと，声は出しにくくなります。頭部を少し後ろのほうへ持っていくと，いつもより首の負担が少なく感じるはずです。つまり，脊髄〜首〜頭部と支えていきましょう。

③首を後方に少し倒す感じにすると，首が楽になる位置があります。そこが一番よい姿勢の首の角度です。せっかく類人猿から進化してきたのですから，二足歩行動物としての誇りを持って，脊髄をしっかりと立てましょう。

首が出ている横立

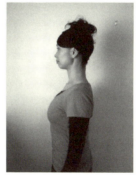
出ていない正しい立ち方

●その2　身体を緩める

①声の高低を自由に表現するためには，身体が「ほにゃ〜ん」としていることが大切です。「ほにゃ〜ん」とはどのような感じでしょうか。赤ちゃんのとびっきりの笑顔に会ったときの身体も「ほにゃ〜ん」の状態ではないでしょうか。そう，身体に緊張感がないということです。

②赤ちゃんは大人の身体の緊張感をさっと感じ，ミラーニューロンでその緊

第3部 マザリーズレッスン

張感に同調し,自分も緊張してやがて泣いてしまいます。そうなるとマザリーズどころではなくなってしまいます。

では,身体を緩める「ほにゃ〜ん体操」,始めてみましょう。

〈ほにゃ〜ん体操〉

お母さんは,赤ちゃんを抱いたままで大丈夫です。

①座ります。背筋を伸ばして骨盤を立てるイメージで座りましょう。骨盤が左右対称になる,あぐらや正座,体育座りがお勧めです。できればあぐらで座ってください。重心がセンターにくるように座りましょう。

②背骨を緩めてください。だらしなくなります。次に背骨をぐっと持ち上げてください。ちょっと辛い場合は,あぐらの太ももに両手を付けて支えて伸ばしてください。

③このアップ,ダウンをゆっくり,背中の動きを感じながら,繰り返します。

> 深く息を吸いながら背中アップ → 深く息を吐きながら背中ダウン

眼を閉じながらゆっくりゆっくり,5回くらいはやってみましょう。
気持ちが落ち着いてきます。

● その3 ストレッチ

できれば立ってください。お母さんは座ったままで上半身だけでもOKです。

① 首まわし　　息を吐きながら8カウントでゆっくり。

② 肩上げ下げ　息を吸いながら思いっきり肩を上げて息を止める。一気に吐きながら肩を落とします。

③胸筋の開閉　　手をかっぱさんのようにして，息を吸いながら胸を張って息を吐きながら，背中を丸めて
④腰まわし　　　脚のいろいろな筋肉を動かしながら大きく回す。
⑤アキレス腱　　両足を揃えて，背中をまっすぐにしながら膝を曲げる。痛くなったところで，屈伸数回。

レッスン2　お顔ストレッチ

〈顔のマッサージ〉

①両手をおでこに当てて，アップ，ダウンの繰り返し。次に，両手を離してアップ，ダウン，アップ，ダウンの繰り返し。

②手をほっぺにあてて，ゆっくりアップ，ダウンの繰り返し。今度は前へタコさんの口，後ろへ引っ張るの繰り返し。

③口角をアップ，ダウン。

④思いっきり大きな口を開けてみましょう。顔全体が口になったような気持で，
ハイ！ア・イ・ウ・エ・オ。
お顔全部使って，ア・イ・ウ・エ・オ。

⑤小さなお口で，口の横の筋肉を痛いくらいに使って，**ロボットアイウエオ！**
はい！アイウエオ・ぽん（手をたたく）
〜アイウエオ・ぽん〜だんだん速くしてみましょう。

　続いて　カキクケコ　サシスセソ　タチツテト　ナニヌネノと順番に母音のアイウエオをしっかりと発音しましょう。

お子さんにいろいろな表情を見せてあげて下さい。大きなお口でアイウエオ！

　マザリーズは母音を強調することで，赤ちゃんが聞き取りやすくなり，日本語の基本の発音を習得していきます。母音のア・イ・ウ・エ・オはとても大切です。

第3部　マザリーズレッスン

レッスン3　呼吸とハミング

●その1　呼吸

　お子さんをお腹に乗せて，深く呼吸してみましょう。お母さんの呼吸が赤ちゃんに伝わっていきます。

●その2　ハミング

　息を鼻から大きく吸って，出す時にハミングで声にしてみます。お腹に口があるイメージで，ゆったりと出してみましょう。いろいろな高さのハミングを出してみましょう。お母さんの声の響きが，身体を通して赤ちゃんに伝わっていきます。

レッスン4　いろんな　あ！

　「～の」という言葉を聞いて，イメージした「あ」を言ってみましょう。いろいろな声の表現は，豊かなマザリーズに繋がっていきます。

　　ふつうの　あ
　　長〜い　あ
　　短かい　あ
　　高〜い　あ
　　もっと高〜い　あ
　　もっともっと高〜い　あ
　　ちょっと低〜い　あ
　　もっと低〜い　あ
　　もっともっと低〜い　あ
　　ジェットコースターで上がっていく　あ
　　ジェットコースターで下がっていく　あ
　　大きな　あ

> そよ風の**あ**，ブランコの**あ**，台風の**あ**……物や現象のイメージも，たった一つのあに込めることができます。
> 皆さんで遊びながら出してみましょう。

もっと大きな **あ**
小さな **あ**
もっと小さな **あ**
もっと　もっと小さな **あ**
ないしょ話の **あ**

たのしい **あ**
もっと楽しい **あ**
かなしい **あ**
元気な **あ**
うれしい **あ**
美味しい **あ**
がっかりの **あ**
かわいい **あ**
大好きな **あ**

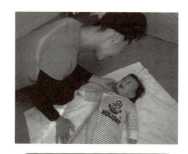

その気持ちになると，**あ**がどんどん変わってきます。思い切って表現してみましょう。
普段出さなかったような声の表現が生まれてきます。

（小川原，1987）

レッスン5　ぽよよんタイム

　ぽよよんタイムは，マザリーズで歌いかけながら，赤ちゃん体操をするひとときです。3歳くらいまでのお子さんも，充分楽しめる体操です。お子さんの目をしっかり見ながら，歌いかけてあげてください。嫌がるようでしたら無理をしないで，ご機嫌になる動きや言葉を繰り返してください。メロディーにとらわれず，いろいろな音や言葉で遊んでみましょう。

第3部　マザリーズレッスン

〈どんぐりころころ〉

どんぐり
①股関節から下へ足をさする

ころころ
②足をぎゅぎゅっとつかむ

どんぶりこ
①②を繰り返す

おいけにはまってさあたいへん
③股関節から大きく回す×2

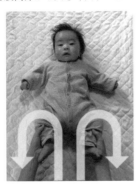

どじょうがでてきて
④足首を持ち，身体全体をゆらゆら

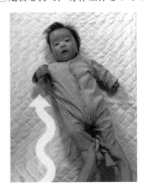

第10章 マザリーズのレッスン

こんにちは
⑤腹部につくように深く足の屈伸

ぼっちゃんいっしょにあそびましょ
①②と同じ動き

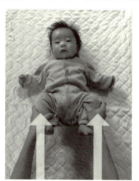

> メロディーにとらわれず，いろいろな音や言葉で遊んでみましょう。
> 無理をさせず，優しいタッチでゆっくり行いましょう。
> 5歳ころまで十分楽しめる親子のコミュニケーションです。

コラム7

「ぽよよん」と育もう！親子の絆

「ぽよよんタイム」は，簡単にいうと「歌いながら，赤ちゃんの肌に触れる時間」です。ベビーマッサージや赤ちゃん体操などという名前をつけなかったのは，赤ちゃんとお母さんにとって「ぽよよん」とした楽しいほっこりとしたコミュニケーションタイムになるように，というのが一番の目的だからです。

赤ちゃんに語りかけることや肌に触れることで，赤ちゃんの脳や体の発育をうながす，という効果はもちろんありますが，ぽよよんタイムは親子の絆を深いものにするコミュニケーションの一つとしての意味合いを強く持っています。

ぽよよん体操の時に，気をつけていただきたいことは次の4つです。

1. 目と目を合わせること
2. 温かい感触で肌に触れること
3. マザリーズを使った声を届けること
4. 相手の反応を見て，どんな気持ちでいるのか想像しながらふれあうこと

「ぽよよん体操」は，全身を使ったコミュニケーションです。心に寄り添いながらふれあうことで，赤ちゃんは安心とやすらぎを感じ，親子の信頼関係，愛着を育ててくれます。そして，そのことが赤ちゃんの社会性の土台を築いていくのです。

第3部　マザリーズレッスン

　食事で栄養を得るのと同じように，コミュニケーションは人間成長に不可欠な栄養素なのです。核家族化が進み，赤ちゃんと家で二人きりで過ごすことが多い現代，お母さんたちは，日々の生活や慣れない育児に追われる中，気づくと無言で一日を過ごしているということも多くあります。
　日常の中にあえて「ぽよよんタイム」を設け，楽しいほっこりとした時間を過ごし，心の栄養を補給し，絆を深めてみませんか。

レッスン6　お話しで語りかける

●0か月～3か月：ことばあそび

〈あ～あたった〉

　いろんな高さや抑揚をつけて歌うように語りかけてあげてください。
　他のいろいろな音韻でも挑戦してみましょう。赤ちゃんがお気に入りの音韻をみつけてみましょう。

　　あ～あ　　あん　あん　あん
　　たっ　たっ　たっ
　　ぽよよよよ～ん　たっ　たっ　たっ
　　ま～　ま～　ま～　ま～まままま・・・・・・

〈（　　　　　）のおさんぽ〉

　かっこの中に，お子さんのお名前を入れてください。

　　（　　　　）ちゃん　（　　　　）ちゃん　おさんぽ　おさんぽ
　　きょうはどこいく？　どこがいいかなあ？
　　おてんき　いいかなあ？
　　（　　　　）ちゃん　（　　　　）ちゃん　おさんぽ　おさんぽ
　　あ！わんわんだあ！
　　（　　　　）ちゃん　（　　　　）ちゃん　おなかへったねえ
　　なにがたべたい？　ママはアイスクリーム（いろいろなものをどうぞ）
　　たべたいなあ

第 10 章　マザリーズのレッスン

● 6 か月〜 12 か月：ちっちゃなお話

〈こんこんぎつね〉（作：こだまたまみ，イラスト：わかこともなが）

むか〜しむか〜し　あったとさ
おやまに　お〜おきな　お〜〜きな　きが
あったとさ

> 繰り返しのところは高めにゆっくりと
> 〜のところは，たっぷりと音を伸ばして

あるとき　おやまに　まいごの　こぎつね　やってきた
こんこんこん　コーンコン
こんこんこん　コーンコン

ちっちゃな　ちっちゃなこぎつねは
かあさん　さがしてなくばかり
こんこんこん　コーンコン
こんこんこん　コーンコン

> ちっちゃなこぎつねは思いっきり小さな声で

ちっちゃな　ちっちゃなこぎつねは
やっとのことで　あえました
かあさんぎつねに　あえました
こんこんこん　コーンコン
こんこんこん　コーンコン

> こんこんコーンが何度も出てきます。こぎつねのその時々の気持ちになって，鳴いてみてください。お子さんもいっしょにこんこんコーン……

かあさんぎつねが　うたいます
おやすみ　おやすみ　こもりうた
こんこんこん　コーンコン
こんこんこん　コーンコン
ねんねんねん　ねーんねん
ねんねんねん　ねーんねん

● 1 歳：絵本

〈みずたまり〉（作・イラスト：おおたさつみ）

　言葉一つひとつの高さや速さを変えて，いろいろな表現をしてみましょう。お子さんの反応をみながら，言葉を繰り返したり，変えたりしてみましょう。

第3部　マザリーズレッスン

みずたまり

あめがやんだら
みずたまり
ありさんは　とおまわり

ことりさんは
そらをとべるから
へいき　へいき

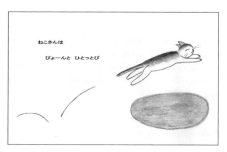

ねこさんは
ぴょーん　ぴょーん
と　ひとっとび

いぬくんは　すこしくらい
ぬれてもへいき　へいき
でも　よけてとおるよ

ぼくは　ながぐつはいて
ぴちゃ　ぴちゃ　ぴちゃ

みずたまりは　たのしいな
みずたまりは　たのしいな

第10章　マザリーズのレッスン

> レッスン7　子守唄

　赤ちゃんをあやしたり，寝かしつけたりする時に歌う子守唄は，伸ばす音が多く，ゆったりとした曲想ですので，マザリーズの特徴が存分に活かされているといえるでしょう。

　このレッスンでは，日本で歌われ続けている子守唄を紹介しますので，マザリーズで語りかけるように歌ってみましょう。

〈子守唄1〉

　「ねんねんころりよ〜」の歌詞（言葉）は，赤ちゃんを抱っこすると，自然に出やすい言葉です。第2章でも説明されていたように，乳幼児の好きな音韻でもあります。「江戸の子守唄」といわれ，江戸時代から全国に伝わり，いろいろな歌い方が伝承されています。

　一刻も早く寝てほしい時もあるでしょうが，できるだけゆっくり，高い音から低い音へゆったりと下がっていくフレーズは，赤ちゃんを落ち着かせてくれます。

〈子守唄2〉

お母さん自身がゆりかごになったつもりで、いっしょにゆっくり揺れて、歌ってみましょう。

伴奏がないので歌詞（言葉）を変えたり、好きなように歌えます。「ねんねこねんねこ」の繰り返しだけでも、大丈夫です。また音の高さも楽譜通りではなく、お母さんの歌いやすい高さで歌って下さい。高い声でなくても、お母さんが落ち着いて出せる音域でよいのです。

写真のように、赤ちゃんを左胸の心臓にぴったりとくっつけて歌いかけると、お母さんの心音を感じながら、お母さんのゆったりとした声に包まれて安心して眠っていきます。泣き止まない時にも、この方法をとってみて下さい。赤ちゃんの体温を感じながら歌いかけていると、お母さん自身が落ち着いてくると思います。

子守唄は赤ちゃんのためだけではなく、お母さん自身のためにもあるといってもよいでしょう。育児に疲れた時、自分自身に歌いかけると、辛い気持ちがあふれてくるかもしれません。そういう時は、思い切り泣いて下さい。子守唄はお母さんの辛さを浄化してくれる力も持っています。赤ちゃんといっしょに子守唄に包み込まれるよう、ゆっくりゆっくり、繰り返したい単語を繰り返しながら、歌ってみて下さい。

第10章 マザリーズのレッスン

おわりに

マザリーズレッスンは、毎日のちょっとした時間にできます。

朝の挨拶をいつもよりも元気に、高めの声で、抑揚をつけるだけで、声の表現が広がっていきます。やがて乳児も2歳を過ぎる頃になると、言葉の意味理解と発語が同時にできるようになってきます。時には落ち着いた低めの声で語りかけるとよいでしょう。マザリーズから言葉へ、少しずつ大人の世界に入っていきます。

声の出し方を身体が記憶していくと、乳幼児を前にした時にも、気持ちが自然に声に出るようになります。両親や保育者、養成校の学生も、乳幼児に関わるすべての人たちが自分の声の影響力を理解し、意識していくことは重要なことです。マザリーズレッスンを通して、子どもたちを包み込む温かなマザリーズ環境が広がっていくことを心より願っています。

最後に、北名古屋市のマザリーズレッスンを受け、その後も家でレッスンを継続されているお母さんの、その後の声を紹介します。

> 家で声のトーンを変えたりして話しかけると、子どもの反応が違います。絵本の読み聞かせでは、抑揚をつけて読むと、よく見るようになりました。
> 　　　　　　　　　　　　　　　　　　　（北名古屋市　H・Y君のお母さん）

引用文献

第 1 章

Aitchison, J. 1996 *The seed of speech: Language origin and evolution*. Cambridge: Cambridge University Press. 今井邦彦（訳） 1999 ことばの始まりと進化の謎を解く 新曜社

Barrett, L. F. 2006 Are emotions natural kinds? *Perspectives on Psychological Science*, **1**, 28-58.

Bryant, G. A., & Barrett, H. C. 2007 Recognizing intentions in infant-directed speech: Evidence for universals. *Psychological Science*, **18**, 746-751.

Bunn, H. T., & Kroll, E. M. 1986 Systematic butchery by Plio Pleistocene hominids at Olduvai Gorge, Tanzania. *Current Anthropology*, **27**, 431-452.

Cross, I., & Woodruff, G. E. 2009 Music as a communicative medium. In R. Botha & C. Knight (Eds.), *The prehistory of language*. Oxford: Oxford University Press. pp.77-98.

Damasio, A. R. 1994 *Descartes' error: Emotion, reason, and the human brain*. New York: Grosset/Putnam. 田中三彦（訳） 2000 生存する脳―心と脳と身体の神秘 講談社

Darwin, C. 1859 *On the origin of species*. Cambridge: Harvard University Press. 八杉隆一（訳） 1964 種の起源 岩波書店

Diamond, J. 1992 *The third chimpanzee: The evolution and future of the human animal*. New York: Harper Collins. 長谷川真理子（訳） 1993 人間はどこまでチンパンジーか？―人類の進化の光と翳り 新曜社

遠藤利彦・石井佑可子・佐久間路子 2014 よくわかる情動発達 ミネルヴァ書房

Ferguson, C. A. 1966 Assumptions about nasals; A sample study in phonological universals. In J. Greenberg (Ed.), *Universals of Language*. 2nd ed. Cambridge: MIT Press. pp.53-60.

Fernald, A. 1989 Intonation and communicative intent in mothers' speech to infants: Is the melody the message? *Child Development*, **60**, 497-510.

Fernald, A. 1991 Prosody in speech to children: Prelinguistic and linguistic function. *Annals of Child Development*, **8**, 43-80.

Fernald, A. 1992 Meaningful melodies in mothers' speech to infants. In H. Papousek, J. Urgen, & M. Papousek (Eds.), *Nonverbal and communication: Comparative and developmental approaches*. Cambridge: Cambridge University Press. pp.262-282.

Fernald, A., & Morikawa, H. 1993 Common themes and cultural variations in Japanese and American mothers' speech to infants. *Child Development*, **64**, 637-656.

Fernald, A., & Simon, T. 1984 Expanded intonation contours in mothers' speech to newborns. *Developmental Psychology*, **20**, 104-113.

Fernald, A., Tareschner, T., Dum, J., Papousek, M., de Boysson-Bardies, B., & Fukui, I. 1989 A cross language study of prosodic modification in mother's and father's speech to preverbal infants. *Journal of Child Language*, **16**, 477-501.

Hall, R. A. 1966 *Pidgin and creole languages*. Ithaca: Cornell University Press.

鯨岡 峻 1997 原初的コミュニケーションの諸相 ミネルヴァ書房

正高信男 1993 ０歳児がことばを獲得するとき 中央公論新社

Mithen, S. 2005 *The singing Neanderthals: The origins of music, language mind and body*. London:

Weidenfeld & Nicolson. 熊谷淳子（訳） 2006 歌うネアンデルタール―音楽と言語からみるヒトの進化 早川書房

野村理郎 2013 情動 田中啓治・御子柴克彦（編） 脳科学事典電子版 2013年9月5日 http://bsd.neuroinf.jp/wiki/%E6%83%85%E5%8B%95（2014年10月31日）

Ong, W. J. 1982 *Orality and literacy.* London: Methuen & Co. Ltd. 桜井直文・林 正寛・糟谷啓介（訳） 1991 声の文化と文字の文化 藤原書店

Portman, A. 1951 *Biologische fragmente zu einer.* Lehre vom Menschen: Verlag Benno Schwabe & Co., Basel. 高木 孝（訳） 1961 人間はどこまで動物か―新しい人間像のために 岩波新書

篠原一之 2009 非言語的母子間コミュニケーションの非侵襲的解析 社会技術開発センター・長崎大学大学院歯薬総合研究科公開資料 2008年6月10日 http://www.ristex.jp/result/brain/program/pdf/H16.02_shinohara_houkokusyo.pdf（2014年9月20日）

Stern, D. M., Spieker, S., Barnett, R. K., & MacKain, K. 1983 The prosody of maternal speech: Infant age and context related changes. *Journal of Child Language*, **10**, 1-15.

Tomasello, M. 1996 The cultural roots of language. In B. M. Velichkovsky & D. M. Rumbaugh (Eds.), *Communicating meaning: The evolution and development of language*. Mahwah: Erlbaum, pp. 275-307.

馬塚れい子・松田佳尚 2010 子どもの言語発達に合わせて親もマザリーズ（母親語）の脳内処理を変化 2010年8月10日 http://www.riken.jp/pr/press/2010/20100810/（2014年10月31日）

Williams, K., Kemper, S., & Hummert, M. L. 2003 Improving nursing home communication: An intervention to reduce elderspeak. *Gerontologist*, **43**, 242-247.

第2章

Aitchison, J. 1996 *The seed of speech: Language origin and evolution.* Cambridge : Cambridge University Press. 今井邦彦（訳） 1999 ことばの始まりと進化の謎を解く 新曜社

Baron-Cohen, S., Wyke, M. A., & Binnie, C. 1987 Hearing words and seeing colours: An experimental investigation of a case of synesthesia. *Perception*, **16**, 761-767.

Borden, G. J., & Harris, K. S. 1984 *Speech science primer: Physiology, acoustics, and perception.* 2nd (ed.). Baltimore: Williams & Wilkins. 廣瀬 肇（訳） 1984 ことばの科学入門 MRCメディカルリサーチセンター

Bower, T. G. R. 1974 *Development in infancy.* New York: W.H. Freeman and Company.

Condon, W. S., & Sander, L. W. 1974a Neonate movement is synchronized with adult speech: Interactional participation and language acquisition. *Science*, **183**, 99-101.

Condon, W. S., & Sander, L. W. 1974b Synchrony demonstrated between movements of the neonate and adult speech. *Child Development*, **45**, 456-462.

Creutzfldt, O., Ojemann, G., & Lerrich, E. 1989 Neuronal activity in the human lateral speech. *Experimental Brain Research*, **77**, 451-475.

Denes, P. B., & Pinson, E. N. 1993 *The speech chain: The physics and biology of spoken language,* 2nd (ed.). Oxford: W.H. Freeman and Company.

DuBrul, E. L. 1977 Origins of the speech apparatus and its reconstruction in fossils. *Brain and Language*, **4**, 365-381.

Haglund, M. M., Ojemann, G. A., & Hochman, D. W. 1992 Optical imaging of epileptiformand func-

tional activity in human cerebral cortex. *Nature*, **358**, 668-671.
林安紀子　2003　日本人の母親が乳児対象に使用する言葉　第 3 回日本赤ちゃん学会　学術集会シンポジウム　2003 年 10 月 31 日　http://www.crn.or.jp/LABO/BABY/SCIENCE/HAYASHI/（2014 年 10 月 18 日）
Iacoboni, M., Woods, R. P., Brass, M., Bekkering, H., Mazziotta, J. C., & Rizzolatti, G.　1999　Cortical mechanisms of human imitation. *Science*, **286**, 2526-2528
乾　敏郎　2013　脳科学からみる子どもの心の育ち　ミネルヴァ書房
岩立志津夫・小椋たみ子　2005　よくわかる言語発達　ミネルヴァ書房
Kuhl, P. K., Andruski, J. E., Chistovich, I. A., Chistovich, L. A., Kozhevnikova, E. V., Ryskina, V. L., Stolyarova, E. l., Sundberg, U., & Lacerda, F.　1997　Cross-language analysis of phonetic units in language addressed to infants. *Science*, **277**, 684-686.
鯨岡　峻　1997　原初的コミュニケーションの諸相　ミネルヴァ書房
Lieberman, P.　1991　*Uniquely human: The evolution of speech, thought, and selfless behavior.* Cambridge: Harvard University Press.
正高信男　1993　0 歳児がことばを獲得するとき　中央公論新社
正高信男・辻　幸夫　2011　ヒトはいかにしてことばを獲得したか　大修館書店
Meltzoff, A. N.　1981　Imitation, intermodal coordination and representation in early infancy. In G. E. Butterworth (Ed.), *Infancy and epistemology: An evaluation of Piaget's theory.* Brighton: Harvester.
Meltzoff, A. N., & Moore, K.　1989　Imitation in newborn infants: Exploring the range of gestures imitated and the underlying mechanisms. *Developmental Psychology*, **25**, 954-962.
岡本夏木　1982　子どもとことば　岩波書店
Rizzolatti, G., Fadiga, L., Fogassi, L., & Gallese, V.　1996　Premotor cortex and the recognition of motor actions. *Cognitive Brain Research*, **3**, 131-41.
酒井那嘉　2002　言語の脳科学　中央公論新社
Salovey, P., & Mayer, J. D.　1990　Emotional intelligence. *Imagination, Cognition and Personality*, **9**, 185-211.
Stern, D. N.　1985　*The interpersonal world of the infant: A view from psychoanalysis and developmental psychology.* New York: Basic Books.　神庭靖子・神庭重信（訳）　1989　乳児の対人世界—理論編　岩崎学術出版社
Werker, J. F., & Tees, R. C.　1984　Cross-language speech perception: Evidence for perceptual reorganization during the first year of life. *Infant Behavior and Development*, **7**, 49-63.

第 3 章

Beck, A. T., Ward, C. H., Mendelson, M., Mach, J. E., & Erbaugh, J.　1961　An inventory for measuring depression. *Archives of General Psychiatry*, **4**, 561-571.
Bettes, B. A.　1988　Maternal depression and motherese: Temporal and intonational features. *Child Development*, **59**, 1089-1096.
Campos, J. J., Bertenthal, B. I., & Kermoian, R.　1992　Early experience and emotional development: The emergence of wariness of heights. *Psychological Science*, **3**, 61-64.
Casey, B. J., & de Haan, M.　2002　Introduction: New methods in developmental science. *Developmental Science*, **5**, 265-267.

引用文献

Corkum, V. L., & Moore, C. 1995 Development of joint visual attention in infants. In C. Moore & P. J. Dunham (Eds.), *Joint attention: Its origins and role in development.* Hillsdale: LEA. pp.61-83.

Fernald, A. 1985 Four-month-old infants prefer to listen to motherese. *Infant Behavior and Development*, **8**, 181-195.

Fernald, A. 1992 Human maternal vocalizations to infants as biologically relevant signals: An evolutionary perspective. In J. H. Berkow (Ed.), *The adapted mind: Evolutionary psychology and the generation of culture.* London: Oxford University Press. pp.391-428.

Fernald, A., & Simon, T. 1984 Expanded intonation contours in mothers' speech to newborns. *Developmental Psychology*, **20**, 104-113.

Fernald, A., Taeschner, T., Dunn, J., Papousek, M., de Boysson-Bardies, B., & Fukui, I. 1989 A cross-language study of prosodic modifications in mothers' and fathers' speech to preverbal infants. *Journal of Child Language*, **16**, 477-501.

Fisher, C., & Tokura, H. 1996 Prosody in speech to infants: Direct and indirect acoustic cues to syntactic structure. In J. L. Morgan & K. Demuth (Eds.), *Signal to syntax: Bootstrapping from speech to grammar in early acquisition.* Mahwah: Lawrence Erlbaum Associates. pp.343-363

Hayashi, A., Tamekawa, Y., & Kiritani, S. 2001 Developmental change in auditory preferences for speech stimuli in Japanese infants. *Journal of Speech, Language, and Hearing Research*, **44**, 1189-1200.

Hoffman, Y., & Drotar, D. 1991 The impact of postpartum depressed mood on mother-infant interaction: Like mother like baby? *Infant Mental Health Journal*, **12**, 65-80.

Kaplan, P. S., Bachorowski, J. A., & Zarlengo-Strouse, P. 1999 Infant-directed speech produced by mothers with symptoms of depression fails to promote associative learning in four-month-old infants. *Child Development*, **70**, 560-570.

Kitamura, C., & Burnham, D. 1998 The infant's response to maternal vocal affect. *Advances in Infancy Research*, **12**, 221-236.

LeDoux, J. E. 1996 *The emotional brain: The mysterious underpinnings of emotional life.* New York: Simon & Schuster.

Liu, H., Kuhl, P. K., & Tsao, F. 2003 An association between mothers' speech clarity and infants' speech discrimination skills. *Developmental Science*, **6**, 1-10.

正高信男 1993 0歳児がことばを獲得するとき 中央公論新社

Masataka, N. 1999 Preference for infant-directed singing in 2-day-old hearing infants of deaf parents. *Developmental Psychology*, **35**, 1001-1005.

Matsuda, Y-T., Ueno, K., Waggoner, A. R., Erickson, D., Shimura, Y., Tanaka, K., Cheng, K., & Mazuka, R. 2011 Processing of infant-directed speech by adults. *Neuroimage*, **54**, 611-621.

Mills, D.L., Conboy, B., & Paton, C. 2005 Do changes in brain organization reflect shifts in symbolic functioning? In L. Namy (Ed.), *Symbol use and symbolic representation.* Mahwah: Lawrence Erlbaum Associates. pp.123-153.

Morgan, J. L., Meier, R. P., & Newport, E. L. 1987 Structural packaging in the input to language learning: Contributions of prosodic and morphological marking of phrases to the acquisition of language. *Cognitive Psychology*, **19**, 498-550.

中川　愛・松村京子　2010　女子大学生における乳児へのあやし行動—乳児との接触経験による違い　発達心理学研究．**21**, 192-199.

O'Hara, M. W., & Swain, A. M.　1996　Rates and risk of postpartum depression: A meta-analysis. *International Review of Psychiatry*, 8, 37-54.

Roberts, S., Fyfield, R., Baibazarova, E., Van Goozen, S. H. M., Culling, J. F., & Hay, D. F.　2013　Parental speech at 6 months predicts joint attention at 12 months. *Infancy*, **18**, 1-15.

Saito, Y., Aoyama, S., Kondo, T., Fukumoto, R., Konishi, N., Nakamura, K., Kobayashi, M., &Toshima, T.　2007　Frontal cerebral blood flow change associated with infant-directed speech. *Archives of Diseasein Childhood-Fetal and Neonatal Edition*, **92**, 113-116.

Schachner, A., & Hannon, E.　2011　Infant-directed speech drives social preferences in 5-month-old infants. *Developmental Psychology*, **47**, 19-25.

Stern, D. N., Spieker, S., Barnett, R. K., & MacKain, K.　1983　The prosody of maternal speech: Infant age and context related changes. *Journal of Child Language*, **10**, 1-15.

Striano, T., Vaish, A., & Benigno, J. P.　2006　The meaning of infants' looks: Information seeking and comfort seeking? *British Journal of Developmental Psychology*, **24**, 615-630.

Tomasello, M.　1995　Joint attention as social cognition. In C. Moore & P. Dunham (Eds.), *Joint attention: Its origins and role in development*. Hillsdale: Lawrence Erlbaum Associates. pp.103-130.

Ueno, M., Uchiyama, I., Campos, J. J., Dahl, A., & Anderson, D. I.　2012　The organization of wariness of heights in experienced crawlers. *Infancy*, **17**, 376-392.

Venditti, J. J., Jun, S. A., & Beckman, M. E.　1996　Prosodic cues to syntactic and other linguistic structures in Japanese, Korean, and English. In J. L. Morgan & K. Demuth (Eds.), *Signal to syntax: Bootstrapping from speech to grammar in early acquisition*. Mahwah: Lawrence Erlbaum Associates. pp.331-342.

Werker, J. F., & McLeod, P. J.　1989　Infant preference for both male and female infant-directed talk: A developmental study of attentional and affective responsiveness. *Canadian Journal of Psychology*, **43**, 230-246.

Zangl, R., & Mills, D. L.　2007　Increased brain activity to infant-directed speech in 6- and 13-month-old infants. *Infancy*, **11**, 31-62

コラム 1, 2

Ainsworth, M. D, S., Bell, S. M., & Stayton, D. J.　1974　Infant-mother attachment and social development: "Socialization" as a product of reciprocal responsiveness to signals. In M. P. M. Richards (Ed.), *The integration of a child into a social world*. London: Cambridge University Press. pp.99-135.

青柳宏亮　2013　心理臨床場面でのノンバーバル・スキルに関する実験的検討―カウンセラーのミラーリングが共感の認知に与える影響について　カウンセリング研究, **46**, 83-90.

O'Connor, J., & Seymour, J.　1990　*Introduction neuro-linguistic programing*. London: Haroer Collins. 橋本敦生（訳）　1994　NLPのすすめ　チーム医療

Sroufe, L. A., Fox, N. E., & Pancake, V. R.　1983　Attachment and dependency in developmental perspective. *Child Development*, **54**, 1615-1627.

Suess, G. J., Grossmann, K. E., & Sroufe, L. A.　1992　Effect of infant attachment to mother and father on quality of adaption in preschool: From dyadic to individual organization of self. *International Journal of Behavior Development*, **15**, 43-65.

第4章

疇地希美　2005　日本語・英語の歌のリズム―幼児の歌唱行動への母国語の影響　平成17年度全日本音楽教育研究会大学部会会誌，10-18．

Azechi, N. 2006 Dotted rhythm in Japanese and in English: Towards an understanding of the influence of mother tongue on young children's musical behavior. ECDPM 2005, 256.

Davidson, L., McKernon, P., & Gardner, H. 1981 *The acquisition of song: A developmental approach. In Documentary report of the Ann Arbor symposium.* Reston: Music Educators National Conference. pp.301-315.

Malloch, S. N. 2000 Mothers and infants and communicative musicality. *Musicae Scientiae*, **3**, 29-57.

Malloch, S. N., & Trevarthen, C. 2009 *Communicative musicality: Exploring the basis of human companionship.* Oxford: Oxford University Press.

Moog, H. 1976 *The musical experience of the pre-school child.* London: Schott Music.

Nakata, T., & Trehub, S. E. 2004 Infants' responsiveness to maternal speech and singing. *Infant Behavior and Development,* **27**, 455-464.

Ohgushi, K. 2002 Comparison of dotted rhythm expression between Japanese and western pianists. In Proceedings of the 7th International Conference on Music Perception and Cognition, 250-253.

Ohgushi, K. 2006 An analysis of timing microstructure in Mozart's piano sonata K. 331. *The Journal of the Acoustical Society of America*, **120**, 3204-3204.

Papousek, M. 1996 Intuitive parenting: A hidden source of musical stimulation in infancy. In I. Deliege & J. Sloboda (Eds.), *Musical beginnings: Origins and development of musical competence.* Oxford: Oxford University Press. pp.88-112.

Patel, A. D., & Daniele, J. R. 2003 An empirical comparison of rhythm in language and music. *Cognition*, **87**, B35-B45.

Patel, A. D., Iversen, J. R., & Ohgushi, K. 2006 Nonlinguistic rhythm perception depends on culture and reflects the rhythms of speech: Evidence from English and Japanese. *The Journal of the Acoustical Society of America*, **120**, 3167.

Standley, J. M. 2003 The effect of music-reinforced nonnutritive sucking on feeding rate of premature infants. *Journal of Pediatric Nursing*, **18**, 169-173.

Tafuri, J. 2008 *Infant musicality: New research for educators and parents.* Farnham, Surrey: Ashgate Publishing Limited.

Trehub, S. E., & Hannon, E. E. 2006 Infant music perception: Domain-general or domain-specific mechanisms? *Cognition*, **100**, 73-99.

Trehub, S. E., & Trainor, L. 1998 Singing to infants: Lullabies and play songs. *Advances in Infancy Research*, **12**, 43-78.

第5章

甘利俊一　2010　楽しい！が脳を育てる　月刊クーヨン編集部（編）　ナチュラルな子育てクーヨンBOOKS　クレヨンハウス　pp.72-73．

網野武博・阿部和子　2012　0歳児のすべてがわかる！―育力がグーンとアップする生活・遊び・環境づくりの完全ナビ　明治図書出版

引用文献

後藤　眞　2014　イキ・イキ・エイジング　東奥日報　2014年6月23日夕刊
呉　東進　2009　赤ちゃんは何を聞いているの？　北大路書房
平井信義　1994　子ども中心保育のすべて―新しい保育者像を求めて　企画室
神谷ひろ子　2010　赤ちゃんからの「わらべ唄」あそび　ナチュラルな子育てクーヨンBOOKS　クレヨンハウス　p.66
河原紀子・港区保育を学ぶ会　2011　0歳～6歳子どもの発達と保育の本　学研教育出版
Kitzinger, S.　1986　*Being born*. New York: Grosset & Dunlap. 松山栄吉（訳）　1986　おなかの赤ちゃん　講談社
小西行郎　2012　発達障害の子どもを理解する　集英社
宮崎総一郎　2014　子どもにとっての睡眠　教育と医学, **735**, 4-11.
佐々木正美　2010　子どもが求める空間　月刊クーヨン編集部（編）　ナチュラルな子育て―だっこおっぱい布おむつ　クレヨンハウス　p.114.
汐見稔幸　2010　子どもの学力の基本は好奇心です　旬報社
菅原　園・辻　ひろみ・内山麻子・小野友紀・麻見直美・新藤由喜子　2011　発育期の子どもの食生活と栄養　学建書院
Trehub, S. E., Unyk, A. M., Kamenetsky, S. B., Hill, D. S., Trainor, L. J., Henderson, J. L., & Saraza, M.　1997　Mothers' and fathers' singing to infants. *Developmental Psychology*, **33**, 500-507.
山口　創　2014　だっこの科学　母の友, **737**, 54-57.
山田紀代美　2014　認知の発達　迫田圭子・天野珠路・岡本美智子・海沼和代・高野　陽・増田まゆみ・粕谷彩子・小川真澄（編）　新訂　見る・考える・創りだす　乳児保育　萌文書林　p.62
渡辺範子　2014　心を「だっこ」するということ　母の友, **737**, 60.

第6章

キヨノサチコ　1992　ノンタンこちょこちょこちょ　偕成社
児玉たまみ　2012　母親と養成校学生との共感・共存意識を育てるマザリーズ環境―赤ちゃん塾プロジェクト実践研究報告　愛知文教女子短期大学紀要, **33**, 75-92.
嶋田ひろみ・疇地のぞみ・児玉たまみ　2014　絵本の読み聞かせにおけるピアノ伴奏の効果―0歳児への実践から　第67回日本保育学会発表要旨集, 56.

第7章

Faragher, J., & MacNaughton, G.　1990　*Working with young children: Guidelines for good practice*. Melbourne: TAFE Publications Unit.
児玉たまみ　2012　母親と養成校学生との共感・共存意識を育てるマザリーズ環境―赤ちゃん塾プロジェクト実践研究報告　愛知文教女子短期大学紀要, **33**, 75-92.
中川　愛・松村京子　2004　乳児との対面時における女子学生のマザリーズの出現　応用教育心理学研究, **21**, 21-29.
中川　愛・松村京子　2010　女子大学生における乳児へのあやし行動―乳児との接触経験による違い　発達心理学研究, **21**, 192-199.
西山　修　2005　幼児の人とかかわる力を育むための多次元保育者効力感尺度の作成　保育学研究, **44**, 150-159.

大宮勇雄　2006　保育の質を高める　ひとなる書房
佐々木典彰・島内智秋・児玉たまみ・嶋田ひろみ　2014　保育専攻短大生における演技としてのマザリーズの効果について　日本保育学会第67回大会発表要旨集，277．

第8章

北名古屋市子育て支援センター　2014　北名古屋市子育て支援センターたより　平成26年9月号　2014年9月17日　https://www.city.kitanagoya.lg.jp/kosodate/pdf/cen41.pdf（2014年10月25日）
児玉たまみ　2012　母親と養成校学生との共感・共存意識を育てるマザリーズ環境―赤ちゃん塾プロジェクト実践研究報告　愛知文教女子短期大学紀要，**33**, 75-92．
なかのひろたか　1977　ぞうくんのさんぽ　福音館書店
高塚人志　2008　赤ちゃん力―人との関わりが人を育む　エイデル研究所
竹内　唯・奥　忍　2007　絵本の音楽―画・言葉・テーマとの関連に着眼して　岡山大学教育実践総合センター紀要，**7**, 27-37．

第9章

Benesse教育情報サイト　2012　子育てに必要なのは「保護者の演技力」!?　2012年8月2日　http://benesse.jp/blog/20120802/p3.html（2014年10月4日）
Bush, L. K., Barr, C. L., McHugo, G. J., & Lanzetta, J. T.　1989　The effects of facial control and facial mimicry on subjective reactions to comedy routines. *Motivation and Emotion*, **13**, 31-52.
春木　豊　2011　動きが心をつくる―身体心理学への招待　講談社
Hochschild, A. R.　1983　*The managed heart: Commercialization of human feeling.* Berkeley: University of California Press. 石川　准・室伏亜希（訳）　2000　管理される心―感情が商品になるとき　世界思想社
井勝豊美　2011　シンポジウムⅤ保育者養成の窓から見た感情労働　自由討論4　なぜ「笑顔で明るい態度」が幼稚園・保育園実習で求められるのか　戸田有一・中坪史典・高橋真由美・上月智晴（編）　保育における感情労働―保育者の専門性を考える視点として　北大路書房　pp.159-175．
神谷哲司・戸田有一・中坪史典・諏訪きぬ　2011　保育者における感情労働と職業的キャリア―年齢，雇用形態，就労意識との関連から　東北大学大学院教育学研究科研究年報，**59**, 95-112．
加藤博子　2011　シンポジウムⅤ保育者養成の窓から見た感情労働指定　討論3　「保育者養成の窓から見た感情労働」に対して思ったこと　戸田有一・中坪史典・高橋真由美・上月智晴（編）　保育における感情労働：保育者の専門性を考える視点として　北大路書房　pp.155-159．
岸　太一・竹内茂生・陶山大輔　2002　第3章　表情および視線　春木豊（編）身体心理学―姿勢・表情などからの心へのパラダイム　川島書店　pp.69-82．
上月智晴　2011　シンポジウムⅤ保育者養成の窓から見た感情労働　話題提供2　保育者養成の窓から見た感情労働　戸田有一・中坪史典・高橋真由美・上月智晴（編）　保育における感情労働―保育者の専門性を考える視点として　北大路書房　pp.146-154．
鴻上尚史　2011　演技と演出のレッスン―魅力的な俳優になるために　白水社
草地　真　2009　ディズニーランドの心に響く接客サービス　ぱる出版
樟本千里・山崎　晃　2002　子どもに対する言語的応答を観点とした保育者の専門性―担任保育者と教育実習生の比較を通して　保育学研究，**40**, 90-96．

引用文献

Larsen, R. J., Kasimatis, M., & Frey, K. 1992 Facilitating the furrowed brow: An unobtrusive test of the facial feedback hypothesis applied to unpleasant affect. *Cognition and Emotion*, **6**, 321-338.
Lee, R. T., & Brotheridge, C. M. 2006 *Validation and extension of the emotional labor scale: Evidence from daycare workers*. Paper presented at EMONET conference, Atlanta.
御前由美子 2013 保育実習における笑顔の影響とその検証 信愛紀要, **53**, 19-24.
野田敦史・林 恵・野澤義隆・福島 玄・髙田 綾・丸山アヤ子・仲山佳秀 2014 保育所保育士の演技 立正社会福祉研究, **15**, 61-71.
太田光洋 2012 「実習生の笑顔」をめぐる議論から 保育感情労働研究会通信第2号 NPO法人さやま保育サポートの会保育サポート研究所
定廣英典・望月 聡 2010 日常生活における演技についての探索的研究 筑波大学心理学研究, **40**, 73-82.
榊原良太 2011 感情労働研究の概観と感情労働方略の概念規定の見直し―概念規定に起因する問題点の指摘と新たな視点の提示 東京大学大学院教育学研究科紀要, **51**, 175-182.
佐々木典彰・森 和彦 2011 幼稚園における保育者の行動の特徴に関する一考察 東北女子大学・東北女子短期大学紀要, **50**, 102-105.
関谷大輝・湯川進太郎 2010 感情労働の諸相―表層演技, 深層演技と副次的プロセスに着目して 筑波大学心理学研究, **39**, 45-56.
Strack, T., Martin, L. L., & Stepper, S. 1988 Inhibiting and facilitating conditions of the human smile: A non-obtrusive test of the facial feedback hypothesis. *Journal of Personality and Social Psychology*, **54**, 768-777.
鈴木和雄 2006 感情管理とサービス労働の統制 大原社会問題研究所雑誌, **556**, 15-28.
高橋真由美 2011 シンポジウムⅤ保育者養成の窓から見た感情労働 自由討論4 なぜ「笑顔で明るい態度」が幼稚園・保育園実習で求められるのか 戸田有一・中坪史典・高橋真由美・上月智晴(編) 保育における感情労働―保育者の専門性を考える視点として 北大路書房 pp.159-175.
戸田有一 2011 エピローグ―保育と感情労働をめぐる新たな研究課題 戸田有一・中坪史典・高橋真由美・上月智晴(編) 保育における感情労働―保育者の専門性を考える視点として 北大路書房 pp.219-227.

第10章

鴻上尚久 2002 発声と身体のレッスン 白水社
小川原芳枝 1987 ことばあそび+からだあそび―障害児にことばのたねを育てる ひと, **169**, 31-32.
竹内敏晴 1988 ことばが劈(ひら)かれるとき ちくま文庫
竹内敏晴 1989 からだ・演劇・教育 岩波書店
竹内敏晴 1990 「からだ」と「ことば」のレッスン 講談社

索引

●あ
愛着の形成　38, 40
IDS（infant-directed speech）　5
赤ちゃん塾　68
安全基地　32

●い
一時的結合　16
咽頭部　19

●え
ADS（adult-directed speech）　5
Ainsworth, M. D. S.　40

●お
Ong, W. J.　10
音声の伝達システム　18
音声の連鎖　18

●か
カウンセリング　41

●き
共同注視　35
共鳴動作　22
近赤外線分光法　38

●く
クーイング　25
クレオール　11

●け
激発・停止サイクル交換　23
言語の誕生　11
言語発達　36
言語野　7, 15

●こ
声の文化（オラリティー）　10
Condon, W. S.　21

●さ
Saito, Y.　37
Zangl, R.　37
産後うつ　39
Sander, L. W.　21

●し
事象関連電位（ERP）　37
ジャーゴン　27
社会的相互作用　33
Schachner, A.　33
樹状突起（シナプス）　15
情動　3, 8
情動の定義　11
神経細胞（ニューロン）　15
新生児　14
新生児の発声器官　18
深層演技　112

●す
Striano, T.　31

●せ
選好聴取法　29

●そ
相互同期性　21

●た
Darwin, C.　4
対象の永続性　60
Tafuri, J.　45

149

索引

●ち
聴覚連合　16
聴覚連合野　15

●な
喃語　27, 43

●の
脳イメージ法　37
脳溝　14

●は
発声の仕組み　17
パトロナイジング・スピーチ　8
Hannon, E.　33
Papousek, M.　44

●ひ
PDS（pets dirent speech）　8
ビジュアルクリフ　31
ピジン　11
表層演技　112
敏感性　40

●ふ
Ferguson, C. A.　4
Fernald, A.　5, 28
ファザリーズ　9

●へ
ベック式抑うつ評価尺度　40

●ほ
ポジティブな感情　31
ホミニド　2
ホモ・サピエンス　1
Portman, A.　7

●ま
McLeod, P. J.　31
正高信男　5
マザリーズの4段階　6

●み
ミラーニューロン　22
ミラーリング　22, 42
Mills, D. L.　37

●む
Moog, H.　43

●よ
幼児語（ベビートーク）　4
幼児の注意　29

●り
Rizzolatti, G.　22

●ろ
Roberts, S.　35

●わ
Wercer, J. F.　31

あとがき

　本書の執筆にあたっては，マザリーズを地域で実践的に普及しようとしていた児玉珠美氏との出会いがスタートにあります。母子関係のスムーズな形成に役立つマザリーズをうまく使えない母親が比較的多いということがきっかけでした。そこで，マザリーズに関する理論的背景をまとめ，実践的な方法やトレーニングについて紹介した書籍ができれば，子育て支援に関する新しいアプローチとなるのではないかと考えました。

　この実践的，そしてその効果を科学的に捉える試みは，現在，本書の執筆メンバーを中心に進められています。本書で紹介した保育士養成校では，マザリーズの実践的な授業を取り入れ，また，地域子育て支援センターでもマザリーズ教室や研修会が普及しつつあります。本書の完成をひとつのきっかけにして，さらにマザリーズの研究と普及が進めばと思っています。

　子どもの教育に関心の高い平松昌高先生のご支援が大いに執筆者のモチベーションとなったことを感謝の意をこめて記したいと思います。

　また，マザリーズ音声の録音には，大河内俊則先生のご協力を得ましたこと感謝申し上げます。

　最後に，北大路書房の薄木敏之氏と若森乾也氏には，本書の完成にあたって多大なご助言とご支援をいただきましたことを記して感謝いたします。

監修者

【執筆者一覧】

内山伊知郎	同志社大学心理学部	まえがき，あとがき
児玉　珠美	名古屋女子大学短期大学部	第1章，第2章，第6章1節，
		第8章1〜3節，第10章
上野　萌子	同志社大学大学院心理学研究科	第3章
疇地　希美	中部大学現代教育学部	第4章，第6章2節
松宮　ゆり	東北女子短期大学	第5章1・2・4節
太田早津美	桜花学園大学保育学部	第5章3節
島内　智秋	東北女子短期大学	第7章
嶋田ひろみ	愛知教育大学（非常勤）	第8章4節，第10章レッスン7
佐々木典彰	東北女子短期大学	第9章
深谷　博子	中京学院大学中京短期大学部	コラム1，2
外川　きさ	弘前市大浦保育所	コラム3
月原　嘉子	北名古屋市子育て支援センター	コラム4
小林　直子	瀬戸市健康福祉部健康課	コラム5
江良　智美	和徳児童福祉会館 こどもの城	コラム6
若子理愛子	産後ケアアドバイザー	コラム7，第10章レッスン5

【監修者】

内山伊知郎(うちやま・いちろう)
1987年　名古屋大学大学院教育学研究科博士課程単位取得満了
現　在　同志社大学心理学部教授
主　著　こころを育む発達科学　共編　北大路書房　2008年　他

【編者】

児玉　珠美(こだま・たまみ)
2013年　早稲田大学大学院教育学研究科博士前期課程修了
現　在　名古屋女子大学短期大学部保育学科専任講師
　　　　早稲田大学大学院教育学研究科博士後期課程在学中
論　文　デンマークのフリースコーレにおけるオラリティー教育についての考察　早稲田
　　　　大学大学院教育学研究科紀要別冊第21号-2，103-113．2013年　他

上野　萌子(うえの・もえこ)
2013年　同志社大学大学院心理学研究科博士前期課程修了
現　在　同志社大学大学院心理学研究科博士後期課程在学中
　　　　日本学術振興会特別研究員
論　文　上りおよび下り斜め方向の仮想的な光学的流動に対する乳児の姿勢補償　行動科
　　　　学，第52巻，29-38．2013年　他

0・1・2歳児の子育てと保育に活かす

マザリーズの理論と実践

2015年3月20日　初版第1刷印刷
2015年3月30日　初版第1刷発行

定価はカバーに表示
してあります。

監修者　内　山　伊知郎
編著者　児　玉　珠　美
　　　　上　野　萌　子
発行所　（株）北大路書房

〒 603-8303　京都市北区紫野十二坊町 12-8
　　　　　　電　話　(075) 431-0361（代）
　　　　　　ＦＡＸ　(075) 431-9393
　　　　　　振　替　01050-4-2083

Ⓒ2015　　　　　　　　印刷／製本　モリモト印刷(株)
検印省略　落丁・乱丁はお取り替えいたします。
ISBN978-4-7628-2891-1　Printed in Japan

・JCOPY 〈(社)出版者著作権管理機構　委託出版物〉
本書の無断複写は著作権法上での例外を除き禁じられています。
複写される場合は，そのつど事前に，(社)出版者著作権管理機構
（電話 03-3513-6969, FAX03-3513-6979, e-mail info@jcopy.or.jp)
の許諾を得てください。